KB273729

한 권으로 읽는 세계의 신화

한 권으로 읽는 세계의 신화

크리스타 페펠만 지음 | 권소영 옮김
초판 인쇄 2008년 5월 25일 | 초판 발행 2008년 6월 15일
펴낸이 손상열 | 디자인 최지애 | 펴낸곳 비씨스쿨 | 영업 여우오줌 출판사
출판 등록 1992년 2월 18일(제303-2004-36호)
주소 서울시 구로구 구로5동 107-8 미주오피스텔 2동 808호
전화 (02)323-7243 | 전송 (02)323-7244 | 전자 우편 foxshe@hanmail.net
ISBN 978-89-91714-17-5(세트) 978-89-91714-18-2 44200
가격 10,000원

아비투어 교양 시리즈 2

한 권으로 읽는 세계의 신화

크리스타 페펠만 지음 | 권소영 옮김

비씨스쿨

신화란 무엇일까? 그것은 세상을 설명하는 최초의 시도들이다. 신화는 가령, "왜 천둥은 칠까?", "왜 우리는 죽어야만 할까?" "사람은 어디에서 왔을까?"와 같은 질문들에 답해 준다. 신화는 인류의 초기 시절 이야기들이다. 인간들은 추상적인 철학과 확실한 학문 세계를 다루기 위해 조심스럽게 신화를 더듬어 보았다. 신화는 어린애 같은 매력을 가지고 있다. 진실이든 아니든 신화는 항상 얘기된다. 그것이 바로 신화의 매력이다.

신화는 우리들 문화의 일부분이다. 우리는 이제 더 이상 믿을 수 없는 이야기라고 해서 부활절 토끼, 아더왕과 그의 기사들, 노아의 방주, 아름다운 헬레나를 물 속에 던져 버리지는 않는다. 용감한 기사들, 세상에서 가장 아름다운 여인, 모두를 구해주었던 배 이야기는 오늘날에도 여전히 우리를 매료시키고 있다.

하나의 신화는 어떤 의미를 가지고 있다. 신화는 종종 현실과 아무런 상관이 없는 것들, 우리에게 아주 낯선 상상들, 우리가 오래전에 극복해냈던 사회구조들에 대해서 이야기 해 준다. 신화 속에는 우리들에게 와 닿는 무언가가 있다. 어떤 아름다운 모습, 중요한 관념, 늘 대두되는 시사적인 문젯거리들, 그리움, 꿈, 신화

그 자체.

신화는 또한 우리들 역사의 일부분이다. 신화는 수많은 고고학적 발굴품들보다 더 많이 과거에 대해서 보여주고 있다. 왜냐하면 돌이나 그림, 조각들은 결국 신화를 담고 있기 때문이다.

신화는 일반상식에 속한다. 신화를 모르는 사람은 예술과 문화에 관한 많은 것들을 이해할 수가 없다. 과거의 신화들에 몰두하게 되면 오늘날 그럴싸하게 꾸며져 있는 모든 반진실에 대해서 우리를 더 민감하게 만들 수도 있다. 그러나 무엇보다 신화는 여전히 매력적이다. 신화는 영원히 한결같은 인간의 그리움, 꿈, 두려움에 대해서 얘기하고 있다. 우리는 신화 속에서 철학적인 사고도 학문적인 설명도 아닌, 그렇지만 우리 인간 존재의 한부분인 그 무엇을 찾아낼 수 있다.

차례

I. 시작은 카오스—창조신화

신화는 인간들이 세상의 기본질서를 만들어 보고자 했음을 증명한다. 신화는 선과 악의 역할, 신들의 힘, 창조 속에서 인간의 위치에 대해서 이야기 해 준다. 그리스 창조 신화는 인간 힘의 승리(제우스), 기술력의 획득(헤파이스토스), 사회의 한 조직(올림포스)에 관해서, 그리고 땅(가이아), 하늘(우라노스), 시간(크로노스), 바다(오케아노스)에 대해서 이야기 하고 있다. 기원전 8세기에는 신화가 하나의 진실을 말해주고 있는 듯 했지만, 오늘날에는 의심스럽게 여겨지고 있다.

신화는 늘 무언가의 근원을 찾는다. 그러나 신화는 동화나 전설과는 구분된다. 세상이나 혹은 인간의 근원일 수도 있으며 또한 종교 의식과 사회 관습의 근원일 수도 있다.

누가 먼저 있었을까? 암탉 혹은 달걀? 이것은 오래전부터 인류에게 던져진 중요한 질문이다. 대부분의 창조에 관한 이야기들은 어떤 대답을 찾고자 하며 하나의 해답을 얻기 위해 전력을 다하고 있다. 하나의 창조주를 가지고 있지 않는 사물이 있을까? 그렇지만 도대체 누가 창조주 그 자체를 만들어 냈을까? 하는 질문이 생기게 된다. 구약성서에는 다음과 같이 말하고 있다. '최초에 하나님이 하늘과 땅을 창조하셨다.' 이것은 어떤 측면으로 보면 아주 간단한 해답이다. 이미 늘 거기에 존재해 있었고 항상 존재해 있을 것이기 때문에 창조될 필요가 없는 전지전능한 하나님을 의미한다.

1. 세상의 기원

　세상이 어떻게 시작되었을까? 하는 질문에 대해서 여러 민족들은 아주 환상적인 대답들을 발견해냈다. 여러 가지 창조신화들이 수많은 문화들 속에 동시에 나란히 존재하고 있다. 하나의 통일적이고 일반적으로 유효한 해명을 발견할 필요는 없을 것이다. 그렇지만 전혀 서로서로 관련이 없던 민족들 사이에서 항상 예상치 못한 유사성을 발견하게 된다. 가령, 완전히 비어있음, 완벽한 무의 상태에 대한 상상은 전 세계적으로 널리 알려져 있다. 이러한 무의 상태로부터 살아있는 존재가 되는 형상들이 생성된다. 모든 생명의 근원으로서 알은 민족들의 상상 속에서 늘 창조신화의 구성 요소로서 확고한 자리를 잡고 있다. 여러 신화들을 보면 땅은 어떻게 형성되었으며 창조는 어떻게 일어났는가도 아주 흥미 진지하게 드러나 있다. 조화롭게 혹은 전투적으로, 어려움 없이 혹은 실수와 결함과 더불어, 더 높은 힘 혹은 우연에 의해서.

낯선 힘들의 지배

　초기역사 속에서 인간들은 하나의 모호한 힘들의 집합체로서 그들의 세계를 체험했다. 태양, 낮과 밤, 비옥한 대지, 물, 바다, 강, 산, 사막, 행성들…. 인간들은 또한 끊임없는 변화, 죽음, 부활

도 체험했다. 모든 것은 시작과
끝을 가지고 있었다. 아무것도
전능한 것은 없었다. 태양조차
도 매일 저녁 사라져야만 했다.
여기저기에서 사람들은 신이나
혹은 영혼들이 자연현상들 뒤에
숨어있을 것이라고 여겼다. 악
할 수도 있고 선할 수도 있는 힘
이 있으나 전지전능하지는 않은

힌두교에서 세상의 창조주는 브라마
(Brahma, 범천)다.

존재가 있으리라 상상했다. 어떤 때는 그들이 필요한 비를 내려주
었고, 또 어떤 때는 파괴적인 홍수를 일으켰다. 한때는 세상에 넘
칠 정도의 풍성함을, 또 한때는 가뭄을 선물해 주었다.

물로부터 나온 모든 생명—태고의 바다

완벽한 칠흑 속에 존재하는, 생명체가 없는 무한한 물 바닥. 이
집트인들은 창조 이전의 상태를 그렇게 상상했다. 그들은 그러한
상태를 눈(Nun, 누라고도 함)이라고 불렀다.

헬리오폴리스(Heliopolis) 신화에서는 원시 바다가 어느 날 언
덕 높이로 치솟았다고 전하고 있다. 이어서 바다에서 뱀의 형상을
하고 나타난 태양의 신 아툼(Atum)이 세상을 생성시켰다고 한다.

하늘이 갈라진다면

아스테릭스 만화에서 보면 알 수 있듯이, 갈리아 사람들의 유일한 두려움은 하늘이 그들 머리 위로 떨어질 수도 있다는 것이었다. 고대 이집트 인들의 가장 큰 두려움도 바다가 그들 머리 위를 휩쓸고 갈 수도 있다는 것이었다. 왜냐하면 그들은 원시 바다, 눈(Nun)이 대지, 하늘, 태양, 달, 별과 같은 모든 만물을 에워싸고 있다고 믿었기 때문이다. 그래서 어느 날 하늘이 갈라지게 되었을 때, 끝도 없는 홍수가 필연적으로 땅 위에 쏟아지게 되었을 것이며, 이때 뱀으로 변신한 아툼 신과 오시리스 (Osiris) 신만이 살아남았을 것이다.

모르는 것에 대한 슬기로움

알제리의 커바일족은 지상에서 50명의 딸과 50명의 아들을 낳았던 최초의 부부에 대해서 이야기하고 있다. 땅위에 처음 여자들이 있었다. 그녀들은 식물들을 보고서 누가 그것을 만들었냐고 물었다. 식물들은 "대지."라고 대답했다. 여인들은 대지를 누가 만들었는지 알고 싶었다. 대지는 다음과 같이 말했다. "나는 이미 늘 여기에 있었어." 밤에 그녀들은 달과 별에게 그들의 창조주에 대해서 물어 보았다. 그러나 대답을 듣기에는 그들이 너무 멀리 떨어져 있었다. 그래서 이 수수께끼는 풀리지 않은 채 남아있다고 한다.

비밀스러운 대양

이집트 사람들은 생명체가 어떤 형태로 바다에서 나올 수 있었는지에 대해서 더 많은 제안들을 하고 있다. 예를 들어 소가 홍수

모든 생명은 물에서 나왔다. 많은 신화들을 보면 원시 바다가 늘 시작이다.

로 인해 하늘에서 내려와 태양을 분만하고 이 태양을, 즉 그녀의
아이를 자신의 뿔 사이에 두었다고 한다. 그래서 소머리를 한 여
신, 하토르(Hathor)가 바로 태양신의 어머니다. 또 다른 신화들
속에서는 거꾸로 그려지기도 한다. 이집트 사람들은 그러한 모순
들을 싫어하지 않았다. 인도와 같은 또 다른 문화에서도 역할의
교환이 문제가 되지 않았다. 그래서 아니비(무한)와 다크사(힌두
교의 현자)는 각각 서로의 딸로서 내지는 아들로 여겨졌다. 서로
가 서로를 낳았다고 전해지기도 한다.

  또 다른 이집트 신화를 보면 하나의 연꽃이 바다에서 떠올랐다
고 한다. 몇몇의 아주 오래된 신화 이야기 속에서는 연꽃 여신이

바다에서 나왔다고 하고 다른 신화에서는 신의 아들로서 아툼이 바다에서 나왔다고도 한다. 그는 권위의 신 후(Hu), 마음의 신 시아(Sia), 마법의 신 헤카(Heka)와 함께였다. 이들과 함께 아툼은 법과 질서를 만들어냈다. 이것은 이집트의 가장 중요한 신들 중의 하나인 진실과 정의의 여신 마아트(Maat)를 의미하기도 한다. 아툼은 마아트만이 존재하는 사회 속에서는 고독하다고 느꼈다. 그래서 그는 자신의 땀으로 더 많은 신들을 만들어 내고 눈물로 인간들을 만들었다.

인도신화를 보면 아주 비슷한 이야기를 발견하게 된다. 비슈누(Vishnu)는 카오스의 물속에서 뱀인 아난타(Ananta)의 똬리에 기대어 있다. 그의 배꼽에서 연꽃이 싹텄다. 그곳에서 창조신인 어린 브라마가 나왔다. 그의 영적인 힘에 의해 세상이 생성될 수 있었다.

창조신 브라마는 연꽃 속에서 태어났다.

신의 보물을 찾는 잠수부

진짜 보물들이 원시 바다 밑에 여전히 있다. 신들은 무엇보다 불사의 영약을 건져내고 싶었다고 마하바라타(Mahabharata)는 전하고 있다. 이를 얻기 위해서 신들은 만다라 산을 뿌리째 뽑아 바다거북이 등위에 올려놓고 뱀인 바수키(Vasuki)가 그 산을 칭칭 감게 했다. 뱀의 한쪽 끝은 착한 신들이, 또 다른 한쪽 끝은 악마들이 잡아끌었다. 그들은 산으로 거품기처럼 바다를 휘휘 휘저어 바다가 부글부글 끓어오르게 만들었다. 결국 바다는 태양, 달, 행복의 여신, 불사의 영약, 그리고 몇몇의 다른 보물들을 내뱉었다. 그러자 곧 신들과 악마들 사이에 획득물을 놓고 싸움이 시작되었다.

가장 먼저, 땅

태초의 홍수 속에 살아남은 최초의 작은 땅덩어리가 많은 신화들 속에서 창조의 시작이다. 샤이엔 인디언들의 경우 진흙을 저 깊은 곳에서 가져와 땅을 생성시킨 것은 물닭이다. 흙을 물에서 가져오는 이런 모티브는 여러 다른 신화들 속에서도 볼 수 있다. 닭은 어디에서 온 걸까? 그것은 여기서 그렇게 중요한 역할을 하지 않는다. 암탉과 알 사이의 논쟁은 여기서 암탉 쪽으로 분명하게 결정되어진다. 이 물닭 이야기는 작은 원인과 큰 결과에 대해서 이야기 해 준다. 번개나 커다란 소음에 의해서가 아니라 한 작은 조류의 쉼 없는 노동을 통해서 세상이 생성되었다.

오마하 인디언들의 경우는 이와 대조적으로 더 떠들썩한 이야기가 전해진다. 그들은 모든 창조물들이 옛날에는 몸체가 없었으며 공간을 떠도는 관념이었다고 말하고 있다. 그 창조물들은 그들의 형태를 드러낼 수 있는 한 장소를 찾고자 했다. 태양은 그들에게 너무 뜨거웠고 달은 너무 차가웠다. 지구가 적당한 온도를 가지고 있었지만 완전히 물로 덮여있었다. 그래서 영혼들이 화산폭발이나 운석이 떨어질 때까지 아마도 형체 없이 범람 속에서 돌아다녀야만 했을 것이다. 거대한 바위가 분출하는 액체와 불길 속에서 바다위로 떠올랐다. 물이 증발해서 하늘에 구름이 생겨났다. 그리고 탁 트인 건조한 땅이 생겨났다. 이제 가장 먼저 식물들이, 그리고 나서 동물들과 인간들의 영혼이 형체를 드러낼 수 있게 되었다.

바다 속의 신들

고대 마야 신화는 다음과 같이 전하고 있다. 고요한 우주가 있었다. 어떤 숨소리도, 어떤 소리도 들리지 않았다. 미동도 없이 침묵만 흐르는 세상, 하늘도 텅텅 비어있었다. 아직 인간도 동물도 그곳에 없었다. 조류, 어류, 갑각류, 나무, 돌, 동굴, 골짜기도 없었다. 풀도 숲도 없었다. 하늘만이 그곳에 있었다. 아직 땅은 형체를 드러내지 않고 있었다. 부드러운 바다만이, 그리고 광대한 하늘만이.. 아무것도 움직이지 않고 아무것도 말하지 않는 침묵 상태의 밤, 어둠이었다. 그러나 빛에 에워싸여 물속에 살고 있는 신들이 있었다. 창조주인 차콜(Tzakol), 주형 제작신인 비롤(Birol), 승리의 신 테페우(Teleu), 초록깃털을 한 뱀 구크마츠(Gucumatz), 생산의 신 알롬(Alom)과 코홀롬(Coholom). 그들은 푸른 깃털 속에 숨어 있었다. 푸른 깃털의 뱀 곁에 숨어있었던 것이다. 그 뱀의 존재는 위대한 지혜와 대단한 지식을 의미한다.

보르네오 섬에는 새의 정령인 아라(Ara)와 이리크(Irik)가 창조의 시작점에 있다. 그 둘은 각각 알 하나를 무한한 원시 바다에서 가져왔다. 알 하나로 아라는 하늘을 만들었고 또 다른 알 하나로 이리크는 땅을 만들었다. 하늘에 비해서 땅이 너무 커서 두 마리 새가 함께 땅을 꽉 눌렀다. 그래서 산과 계곡이 만들어졌다.

이집트인들도 알과 관련된 다른 이야기를 전하고 있다. 테벤에서는 지방신 아문이 뱀의 형상을 하고 원시 바다에 살았으며 그곳에서 알 하나를 부화했을 것이라고 믿었다.

그런데 이 알은 어디에서 온 걸까? 테벤 사람들은 이렇게 말하고 있다. 아문이 신성한 거위였으며 그가 그 알을 낳았다는 것이다. 헤르모폴리스의 여덟 신도 창조자로 여겨지고 있다. 이 여덟 신은 관료주의적인 이집트인들이 원초의 카오스 속에 체계를 가져오고자 했던 시도였다. 개구리와 뱀의 형상을 한 네 쌍의 남신과 여신들이 원시 바다 진흙 속에 살고 있었다고 한다. 이들은 원시 바다 남신 눈(Nun)과 여신 나우네트(Naunet), 어둠으로 형상화 된 남신 케크(Kek)와 여신 케켓(Keket), 무한을 나타내는 남신 헤(Heh)와 여신 헤헷트(Hehhet), 숨겨진 힘을 나타내는 남신 아문(Amun)과 여신 아마우네트(Amaunet)다. 이 힘들 사이에서 모든 창조를 포괄하고 있는 알이 생성되었다.

최초의 은신처

수마트라에 있는 한 신화는 아주 낭만적인 이야기다. 그 이야기에 따르면 최고의 신인 바타라 구루(Batara Guru)는 곤경에 빠진 자신의 딸을 위해 세상을 만들었다. 그의 딸은 어떤 사악한 신의 추적을 피하기 위해 하늘에서 세상 가운데를 뒤덮고 있는 무한한 대양 안으로 뛰어내렸다. 바타라 구루는 한 줌의 흙과 함께 제비 한 마리를 보냈다. 그 새는 흙을 물위에 내려놓아야만 했다. 그것으로 바타라 구루는 그의 딸에게 은신처를 만들어 줄 수 있었다. 그는 단단한 땅을 만들어 씨를 뿌렸고 동물들을 만들었다. 마지막으로 그는 바다뱀 나가 파도하(Naga Padoha)에 맞서 새로 만들어진 땅을 방어하기 위해서 그 자신의 화신을 내려 보냈다. 땅으로 내려온 이 보호자는 상으로 바타라 구루의 딸과 결혼 할 수 있었다.

2. 위대한 어머니 혹은 성스러운 쌍
— 창조신화의 이중 원칙

이집트인들과 마찬가지로 수메르의 창조신 이야기도 태초에 원시 바다를 상징하는 위대한 어머니 남무(Nammu)가 있었다고 전한다. 그녀는 하늘인 아누(Anu)와 땅인 키(Ki)를 낳았다. 이 둘은 모든 다른 신들의 부모가 되었다.

어머니신과 아버지신

그리스 창조신화에서는 카오스로부터 땅의 여신 가이아(Gaia)가 나타난다. 그녀는 혼자 힘으로 하늘 신 우라노스(Uranos)와 바다 신 폰토스(Pontos)를 생산해 낸다. 그녀는 폰토스와 더불어 바다 신들을 그리고 우라노스와 함께 거인들을 만들어 낸다.

가이아의 형상 속에서 학자들은 초기 역사에서 모든 생명의 창조주로 여겨지던, 지배적인 여신들에게서 드러나는 위대한 어머니상을 발견한다.

그런데 신화 속에는 여성적인 신성과 더불어 스스로 생명을 만들어내는 남신들도 있다. 이집트의 아툼이 원시 언덕 위에서 행했던 일에 대한 또 다른 여러 가지 이야기들이 있다. 그 중 하나는 그가 그곳에서 마음속에 다양한 창조물들을 고안해 냈다는 것이다. 그가 자신의 음경을 잡자 슈(Shu)와 테프누트(Tefnut) 쌍둥이 한 쌍이 태어났다는, 조금 더 속된 이야기도 있다.

또 다른 전해지는 이야기에 따르면 공기의 신 슈는 아툼의 콧물 속에서, 습기의 여신 테프누트는 침에서 생겨났다고 한다.

하늘과 땅

하늘은 거의 늘 민족들의 상상 속에서 남성이다. 왜냐하면 하늘은 빛, 비, 즉 사는데 필요한 모든 에너지를 공급해 주기 때문이다. 이와 반대로 땅은 식물과 동물 등 모든 생명을 만들어 내고 기르기 때문에 여성적인 것으로 여겨진다. 이집트에서만은 그 반대다. 아마도 땅과 대개 남성인 파라오가 밀접한 관계가 있는 것으로 여겨지기 때문인 것 같다.

하늘과 땅—세계사의 시조

어머니나 아버지 신은 대부분의 신화 속에서 조연일 뿐이다. 그러나 인간과 아주 흡사한 최초의 부모신을 종종 관심 있게 다루기도 한다.

대개 이 최초의 쌍은 하늘과 땅이다. 어디에서나 그들은 하나로 소개된다. 그들이 너무 꼭 붙어 있어서 그들 사이에 있는 아이들이 발육할 공간을 얻지 못해 서둘러 하나의 해결책을 찾아야만 하게 되었다, 수메르 창조신화에서는 공기의 신 엔릴(Enlil)이 그의 부모를 떼어놓는다. 마오리 신화에서는 살아남기 위해서 아이들이 그들의 부모인 하늘의 신 랑기(Rangi)와 땅의 여신 파파(Papa)를 죽여야만 할까를 고민하기도 한다. 전쟁의 신 투(Tu)는 이를 찬성한다. 그러나 그의 형제인 숲의 신 탄네(Tane)는 폭력적이지 않은 해결책을 지지한다. 잇달아 야생식물의 여신 하우미아(Haumia),

경작물의 신 롱고(Rongo), 바다신 탕가로아(Tangaroa), 폭풍의
신 타휘리(Tawhiri) 등 모든 형제자매들이 이것을 시도했다. 그러
나 비로소 탄네가 머리를 땅에 대고 발로 하늘을 들어 올려 이 일
을 성공 시켰다.(그렇지만 이 일로 그의 형제들은 그를 시기했다.
폭풍의 신 타휘리는 탄네의 숲들을 없애려고 했으며 바다 신 탕가
로아는 물고기들을 땅에서 바다로 유혹했다.)

선물 받은 5일
이집트 그림들을 보면 공기의 신 슈가 어떻게 그의 아이들인 하늘의 여
신 누트(Nut)와 대지의 신 게브(Geb)를 떼어놓고 있는 가를 알 수 있다.
둘은 너무나 꽉 붙어 있어서 그들의 아이들이 세상으로 나올 수가 없었
다. 태양 신 레(Re)는 자신의 말을 거역하고 동침한 둘에게 너무 화가 나
서 둘이 떨어진 이후에도 누트에게 1년 360일 동안 절대로 임신할 수
없도록 저주를 내렸다. 그러나 누트를 매우 좋아해서 늘 도움을 주었던
달의 신 토트(Toth)는 내기에서 레를 이겨 다섯 날을 더 얻게 되었다. 그
래서 누트는 이시스(Isis), 오시리스(Osiris), 세트(Seth), 네프티스
(Nephtys), 호루스(Horus)를 낳을 수 있었다. 일 년은 그래서 365일이
되었다.

남성적 원리와 여성적 원리

음양의 원리도 남성적, 여성적 창조 원리를 나타내고 있다. 한
중국신화에 따르면 만 팔 천년동안 자란 한 알로부터 세상이 생겨

났다고 한다. 그 알이 부서지자 하늘, 불, 태양과 같은 양과 물, 땅, 달, 별과 같은 음이 형성되었다. 또 알에서 만 팔 천년동안 자라면서 하늘과 땅을 가르고 있던 태초의 인간인 반고가 나왔다. 하늘과 땅을 가르고 있던 일이 너무나 그를 지치게 만들어서 그는 곧 죽었다고 한다.

음양의 상징이 하나의 원을 이루고 있듯, 많은 신화들 속에서 남성적 원리와 여성적 원리는 자웅동체를 이루고 있다. 인도에서는 그것을 뿌루샤(Purusha)라고 부른다. 우선 생명을 탄생시키기 위해서 양 쪽이 갈라져야만 한다. 그러나 이

음양의 상징은 계속되는 양극을 나타내는 표시다.

때 이전의 조화로움이 끝나버리게 된다. 여성적인 반쪽은 부끄럼과 고통을 느끼고 사라져버리고 싶어 하지만 소로 변하게 된다. 남성적인 반쪽은 신속하게 황소로 변한다. 이런 식으로 둘은 모든 종류의 동물들이 되어간다.

신들의 성혼례

여러 민족의 창조신화에 있는 부부 신들 이야기에서 신성한 결

혼 관습을 엿볼 수 있다. 남신과 여신의 결합은 우주의 화합을 맹세하기 위해 이루어졌었다. 수메르 사랑의 여신 이난나(Inanna)의 도시 우룩에서 새해맞이 때 여제사장 중의 한명이 목축의 신 두무지(Dumuzi)의 화신인 영주와 함께 잠을 자고 있었다. 한 찬미가에서 이난나는 다음과 같이 말한다. "그가 침대 위에서 나를 안아 준다면 나도 그에게 내 사랑을 증명해 보일 것이다. 나는 그의 좋은 배필이 될 거야. 나는 그의 운명이 될 거야. 그의 나라와 그의 민족을 위한 목자가 될 거야."

켈트인들에게 성혼례는 특별한 의미를 가지고 있다. 한 왕은 여신과의 결합을 통해서만 합법적인 통치권을 얻을 수 있었다.

그런데 창조의 원리라고 이르는 기본적인 이원론으로서 여성적인 것과 남성적인 것, 이 둘 사이의 대립만이 신화 속에서 발견되는 것이 아니라 선과 악의 대립도 발견된다. 이집트의 무수한 신화 이야기들을 보면 태초의 어머니인 네이트(Neith)는 바다에서 나왔다. 그녀는 태양신인 아툼 레를 낳았으나 그의 가장 지독한 적인 뱀의 신 아포피스(Apophis)도 낳았다. 아포피스는 악과 혼란의 근원이다.

매우 완고한 창조이야기 중 하나는 게르만 민족 신화에서 찾을 수 있다. 여기서 모든 생명은 불과 안개의 대립으로부터 생성된다. 생각해보면 게

르만 민족의 이야기가 아이슬란드에서 생성 되었다는 것이 그렇게 놀랄
일도 아니다. 에다에 따르면 처음에 그 끝을 알 수 없는 깊은 틈새가 있
는 빈 공간, 긴눙가가프(Ginnungagap)가 있었다고 한다. 이 빈 공간 속
에 만물의 창조주가 존재하고 있었다. 긴눙가가프의 남쪽에는 불의 세계
무스펠하임(Muspelheim), 북쪽에는 안개의 세계 니플하임(Niflheim)
이 있었다. 니플하임에서 열 두 개의 물줄기가 긴눙가가프로 흘러들어가
그곳을 얼음으로 굳어지게 했다. 무스펠하임에서 흘러나온 불길이 그것
을 다시 녹인다. 그 얼음에서 거인 이미르(Ymir)와 암소 아우드훔블라
(Audhumbla)가 태어난다. 아우드훔블라는 이미르를 그녀의 젖으로 키
우지만 둘은 부부가 되지는 않는다. 이미르는 자면서 그의 발을 서로서
로 문질러 아이를 낳아 그의 겨드랑이 밑에서 자라게 해, 얼음 거인족을
탄생시켰다. 아우드훔블라는 소금덩어리를 핥아 먹던 중 최초의 남자인
부르(Bur)를 그곳에서 풀어 주었다. 부르와 한 여자거인이 뵈르를 낳았
다. 뵈르는 다음 창조신화 부분을 이어가는 오딘(Odin), 빌리(Vili), 베
(Ve)의 아버지다.

메소포타미아—두 강의 나라

유프라테스와 티그리스 강 유역, 오늘날의 시리아와 이라크 지역에 기원전 3400년경 수메르의 도시국가들과 더불어 세계 최초의 고대문명들이 발생했다. 모두 고유한 도시신을 가지고 있었다. 사람들은 도시 주변의 모든 땅이 이 신에게 속한다고 믿었었다. 신전의 사제들은 그 땅을 분배해서 수확물의 대부분을 거두어들여 새로이 분배했다. 그 외에도 사제들은 모든 큰 건설과 관개시설작업을 관할했다. 신전은 동시에 정부, 재판소, 은행, 세금관청, 저장장소, 미래의 관료들을 위한 학교, 기업이기도 했다. 이와 더불어 물론 종교적 임무들이 있었다. 전쟁과 같은 분쟁들이 늘어나기 시작했을 때, 즉 기원전 2700년에야 비로소 점차적으로 세속영주들이 정부를 맡았다. 셈족 유목민들의 이주가 이러한 흐름을 더 부추겼다. 그러나 종교적 영역에서는 비교적 변화가 적었다. 사회 권력분배의 점차적인 변화를 나타내는 분명한 징표는 신들이 모든 정부교체와 더불어 부여받게 된 새로운 이름들이었다.

시간이 지나면서 메소포타미아로부터 부분적으로 근동을 지배하는 커다란 제국들이 생겨났다. 이때 아카드(기원전 2340-2160), 바빌론(기원전 1728-1530), 아수르(기원전 1112-609)와 같은 여러 도시국가들이 핵심역할을 했다. 메소포타미아 사람들은 그들의 문화와 종교관을 전파시켰다.

유프라테스와 티그리스 강 사이 신들의 하늘은 다양하고 다채

로웠다. 수메르의 문서들 속에는 600개의 상이한 신들의 이름이, 바빌론 문서들 속에는 심지어 3000개가 발견되었다. 각각의 주신은 정치와 더불어 바뀌어 갔다. 처음에는 우룩의 도시신 아누(Anu), 다음은 니푸르의 신 엔릴(Enlil), 그 다음은 바빌론의 마루둑(Marduk), 더 나중에는 아수르의 아수르(Assur), 마지막엔 다시 마루둑.

메소포타미아인들은 종교를 매우 진지하게 받아들였다. 그들은 항상 제물과 의례로 조율해야만 하는 신들을 종잡을 수 없는, 변덕스러운 존재로 여겼다. 또한 그들은 수많은 악마들의 존재를 믿었다. 그들 중 가장 사악한 7명의 마왕들은 힘 있는 신들조차도 두려워했었다. 그 중 한명인 리리스(Lilith)는 유태 전승이야기에 따르면 아담의 첫 번째 부인이었다고 한다. 이브가 창조되고 나서 리리스는 질투심으로 사막으로 되돌아가서 복수심에 가득 찬 악마로 변했다고 한다.

이러한 위험한 세상을 살아가기 위해서 메소포타미아인들은 별들에게 의지했다. 그들은 하늘이 땅의 투영된 모습이라고 믿었다. 비너스를 미의 여신별로, 화성을 전쟁신의 별로 생각하는 그들의 해석을 후에 로마인들이 수용했다. 대개 전 근동지역에 있는 바빌론의 천문학자들은 권위자들이었으며 기독교의 동방박사 세 사람 이야기 속에도 그 사실이 숨어있다.

메소포타미아인들의 별에 대한 믿음은 "메(Me)"라고 하는 분명한 규칙들이 있다는 확신에 근거한다. 메는 인간에게 뿐만 아니라 우주 전체에 유효한 규칙이다. 그것을 알고 암시할 수 있는 자는 재앙을 예견할 수 있고 적절하게 방어할 수 있었다. 이것은 메소포타미아인들이 미신을 믿는 민족이었다는 결론을 가져오게 했다. 왼쪽에 있는 검은 고양이는 불행을 가져 온다거나 왼발로 먼저 일어서서는 안 된다는 생각은 두 강의 나라에서 유래한다.

메소포타미아에는 이미 기원전 3400년에 설형문자가 고안되어서 사람들이 많은 종교적인 것들을 문자로 남겨두었기 때문에 오늘날 두 강의 나라로부터 많은 신화와 찬미가와 기도문이 우리에게 전승될 수 있었다. 그런데 많은 글들이 일부분만 남아 있어서 다른 부분을 추측하는 것이 어렵기도 하다. 이야기들과 신화를 똑같이 설명하는 것은 누구에게도 중요하게 여겨졌던 것 같지는 않다. 그래서 오늘날 하나의 똑같은 사건이 다양한 신화로 얘기되어지고 있다.

3. 처음엔 죽음이었다-제물신화

'이미르가 살고 있던 원시 시대에는 모래도 호수도 없었으며 아래에 땅도 없고 위에 하늘도 없었다. 틈새로 바닥이 보이지 않는 깊은 골짜기, 그러나 어디에도 풀이라곤 없는 곳.' 에다에서는 이렇게 말하고 있다. 하늘과 땅은 오

모든 문화에서 일정한 의식 이후에는 제물을 바쳤다.

딘, 빌리, 베가 이미르를 죽였을 때 비로소 생성되었다. 그는 그들의 할아버지나 다름없었다. 왜냐하면 결국 그가 거인들을 만든 창조주였으며 세 아이의 어머니 베스트라(Bestla)도 거인족 여인이었다. 그렇지만 이런 사실은 중요하게 여겨졌던 것 같지 않다.

거인으로부터 만들어진 땅

오딘과 회니르(Honir)와 로두르(Lodur)라고도 불리었던 그의 형제들은 이미르를 살해했으며 이미르의 피는 바다가 된다. 거인들은 모두 그가 흘린 피 속에 빠져 죽었다. 한 쌍의 부부만이 살아남았다. 세 신들은 이미르의 육신으로 흙을 만들고 그의 털로는

나무를 만들었다. 뼈로는 산이 만들어지고 치아로는 암석이 만들어졌다. 이미르의 두개골에서는 하늘이 창조되었다. 오딘은 이미르의 뇌를 공중으로 던져 구름이 되게 했으며 이미르의 눈썹으로는 담을 만들어 인간들이 거주하는 땅, 미드그라트(Midgrad)를 거인들의 공격으로부터 보호했다고 한다. 그러나 여전히 숨결도 생명도 없는 땅. 오딘의 아들 브라기(Bragi)는 배를 타고 고요한 바다로 간다. 그가 하프를 켜면서 노래를 시작하자 자연은 마비상태에서 깨어나 살아 숨쉬기 시작했다. 브라기는 상으로 젊음과 미의 여신인 난장이족의 딸 이두나(Iduna)를 부인으로 맞게 되었다.

눈도 없이, 귀도 없이
2기원전 4세기에 중국의 장자는 희귀한 원시 인간 중 하나를 고안해냈다. 혼돈(混沌)이라고 불리는 자로 몸은 돼지며 다리가 여섯 개고 네 개의 근사한 날개를 달고 있다. 하지만 목도 없고 머리도 없다. 혼돈은 중(中)의 천제로 원시적 카오스를 지배하고 있었다. 규칙적으로 혼돈은 남해(南海)의 신 숙(窓)과 북해(北海)의 신 홀(忽)을 방문했다. 어느 날 둘은 혼돈에게 감사의 뜻을 전하기로 결정했다. 그들은 스스로 모든 감각기관을 지배하고 있있다. 즉 믹고 보고 듣고 밋볼 수 있었다. 그들은 가련한 혼돈에게도 이러한 기쁨을 선사해 주고자 했다. 그래서 그들은 혼돈의 몸에 매일 하나씩 구멍을 뚫기로 결정했다. 그런데 일곱 번째 구멍이 뚫리고 난 후 혼돈은 죽어버렸다. 그리고 그의 시체에서 잘 정돈된 세상이 생성되었다. 혼돈에게 베푼 그들의 따뜻한 호의와 이목구비를 갖추게 된 온순한 그의 존재에도 불구하고 장자는 우주가 형체를 갖추기 위해서 말살되고 말아야만 했던 혼돈을 원시적 암흑으로 여겼다.

죽음은 새로운 생명을 잉태 한다

이미르는 세 명의 신들에게 너무나 위대하고 어마어마했기 때문에 죽어야만 했다. 인도의 대서사시 마하바라타(Mahabharata)에는 신들이 태초의 존재 뿌루샤(Purusha)를 제물로 받쳤다 전한다. 4분의 3정도는 불사의 존재인 그 몸에서 하늘, 땅, 공기, 인간뿐만 아니라 신들도 만들어졌다. 베다경의 제물의식에도 이러한 창조이야기가 상징적으로 반복되어있다. 사람들은 우주 속에 질서가 이렇게 유지된다고 믿었다.

중국 창조신화에 나오는 거인 반고는 자발적으로 제물이 된 영웅이다. 그는 18000년 동안 하늘과 땅을 갈라놓기 위해 노력하다가 지쳐서 죽는다. 그의 마지막 호흡에서 바람과 구름이 만들어지고 그의 목소리에서 천둥이, 그의 눈에서 태양과 달이, 그의 팔과 다리에서 산이 만들어진다. 그의 살덩어리는 땅으로 변하고 피는 비와 강이 된다. 그의 머리털에서 별들이 생겨나고 그의 몸 털에서 식물들이, 치아와 뼈에서 광물들이, 그의 땀에서 비와 이슬이 만들어진다. 인류의 기원이 그렇게 대단하지는 않다. 결국 인간은 거인의 몸에 기식하고 있는 것들로부터 만들어진 것이라 할 수 있다.

죽어야만하는 것이 항상 인간 존재이기만 한 것은 아니다. 남서태평양에 있는 나우르 섬에는 원시거미(Areop-Enap)가 조개 하나를 발견한 이야기가 전해진다. 그 거미는 한 갑각류와 애벌레에게 조개 입을 벌리게 도와달라고 요청한다. 둘은 입을 결국 열

게 되지만 지쳐서 죽는다. 조개 아랫부분에 모여 있던 그들의 땀
은 바다가 되고 윗부분에 모여 있던 땀은 하늘이 된다. 애벌레는
태양이 되고 갑각류는 달이 된다.

태양을 위한 피

초기에는 신에게 인간을 제물로 받치는 문화들이 많았다. 그러나 어느
누구도 아스텍족처럼 지나치게 행하지는 않았다. 그 속에는 하나의 신화
가 숨어있다. 이중의 신 오메테쿠틀리(Ometecuhtli)는 여섯 명의 아이
를 만든다. 비의 신 틀랄록(Tlaloc), 그의 배우자이면서 물의 신인 찰치
우틀리쿠에(Chalchiuhtlicue), 네 명의 테스카틀리포카(Tezcatlipoca).
그들은 곧 세상에 대한 지배권을 놓고 싸움을 하게 된다. 검은 테스카틀
리포카와 하얀 테스카틀리포카, 틀락록과 찰치우틀리쿠에가 잇달아 세
상을 창조했다. 그러나 모든 세상은 남매들 중한명의 부추김으로 파괴되
고야 만다. 첫 번째 세상은 재규어에게 잡아먹히고 두 번째는 폭풍우로
흩어지고 세 번째는 불비에 다 타버렸으며 네 번째는 모든 인간들이 물
고기로 변해 버린 큰 홍수로 인해 잠겨버렸다.

아스텍족의 믿음에 따르면 우리는 다섯 번째 세상에 살고 있다. 제 5세
계는 제물을 바쳐 만들어졌으므로 아주 완벽하다. 제5세계의 주신 토나
티우(Tonatiuh)는 스스로 불속으로 뛰어들어 솟아오르는 태양으로 변
했다. 다른 신들은 피의 제물을 바쳐 태양을 불러 올 수 있었다. 이 태양
의 움직임을 지속하기 위해서 사람들은 끊임없이 인간들의 피와 인간의
심장으로 태양신에게 힘을 주어야만 했다. 이러한 제물에도 불구하고 세
상은 지진으로 인해 멸망하도록 되어 있었다. (오늘날 인간을 제물로 바
치는 일은 더 이상 없지만 지구는 여전히 계속해서 존재하고 있다.)

4. 아버지에 대한 반기-가족사가로서 창조

수메르 도시국가에서 바빌론으로의 권력이동은 창조신화를 새롭게 이야기하게 하고 바빌론의 도시신 마르둑(Marduk)에게 중요한 역할을 부여하게 하는 결과를 낳았다. 태초의 어머니 남무(Nammu)로부터 시작된 평화로운 창조 대신에 이제 살인과 학살 이야기가 주를 이룬다.

통치권문제

처음에 한 쌍의 부부가 있었다. 담수를 상징하는 신 아프수(Apsu)와 바다의 짠물을 상징하는 신 티아마트(Tiamat). 이 둘이 여러 어린 신들의 부모가 된다. 그러나 아프수는 이들로 인해 방해받는 느낌이 들어 그들을 없애고 싶어 한다. 지혜의 신 에아(Ea, 수메르 신화에 등장하는 엔키(Enki))가 계획을 미리 알아차리고, 꾀를 내어 아프수를 죽이고 담수를 지배하게 된다. 커다란 뱀인 어머니 티아마트가 이제 적극적으로 가담한다. 그녀는 킹구(Kingu)라 불리는 괴물을 아이들에게 보낸다. 신들 중 누구도 이 둘과 맞서 싸우려 하지 않았다. 에아의 아들 마르둑도 가담하지 않으려 했다. 그는 맞서 싸우는 대신 모든 신들을 지배할 수 있는 권리를 요구했다.

결국 마르둑이 킹구를 이겼고 티아마트를 죽였다. 그는 그녀의 시체 한 부분으로는 하늘을, 또 다른 한 부분으로는 땅을 만들었다. 유프라테스와 티그리스 강은 그녀의 두 눈에서 흘러 나온다. 그녀의 침은 비구름이 되고 그녀의 가슴은 산이 된다. 마르둑은 마지막으로 킹구의 혈관을 잘라내서 땅과 뒤섞인 그녀의 피와 함께 사람을 만든다. 신들은 몸소 마르둑의 승전을 기념하기 위하여 바벨론에 에사길라(Esagila) 신전을 건축하였다. 이렇게 해서 이전에 그렇게 중요하지 않았던 도시신이 갑자기 창조의 주인이 되었다. 땅과 하늘은 마르둑의 손으로 만들어진 것이다.

아들과 아버지

그리스에도 이와 비슷한 이야기들이 있다. 창조신화를 보면 우라노스가 어떻게 그의 후손들을 강하게 만들었는가를 알 수 있다. 그는 후손들을 지하세계로 던진다. 그들의 어머니 가이아는 몸속에 있는 금속으로 낫을 만든다. 그녀는 이것을 가장 어린 아들 크로노스에게 준다. 크로노스는 그것으로 아버지를 거세한다. 우라노스가 흘린 피는 땅과 뒤섞여서 흉측한 형상을 생겨나게 한다. 거인족과 그보다 더 끔찍한 복수의 여신 에리니에스들(Erinyes)이 태어났다. 그녀들은 나중에 모든 아버지와 어머니를 무자비하게 살해하는 광기를 부리게 된다.

거세된 우라노스는 아들에게 그도 역시 후손들 중 한명에 의해서 죽게 될 것이라고 예언한다. 그래서 크로노스는 그의 누이 레아(Rhea)와 함께 낳은 아이들 하데스(Hades), 포세이돈(Poseidon), 헤스티아(Hestia), 데메테르(Demeter), 헤라(Hera)를 삼켜버린다. 여섯 번째 아이 제우스의 차례가 되었을 때 어머니 레아가 이를 저지한다. 레아는 큰 돌에 배내옷을 입혀 아기라고 속여 크로노스에게 삼키게 하고, 제우스를 크레타 섬에 있는 이다 산 동굴 속에 숨긴다. 그곳에서 요정들이 어린 제우스를 돌보아 주었다. 그는 벌들이 주는 꿀과 염소인 아말테이아(Amaltheia)의 젖을 먹고 자랐다.

크로노스가 아기의 울음소리를 듣지 못하게 하기 위해서 제우스가 울 때 마다 동굴 밖에서 레아의 사제들이 노래하고 북소리를 냈다.

세상에 대한 지배권 싸움

어른이 된 제우스는 힘이 센 그의 아버지와 세상에 대한 지배권을 놓고 대단한 전쟁을 시작한다. 그의 형제자매들인 거인족 일부는 그의 편에서, 일부는 크로노스 편에서 싸운다. 마찬가지로 가이아의 아들들인 외눈박이 거인족 지클로프(Zyklop)들은 제우스에게 지하세계에서 나오게 해 준 것을 고마워하며 그에게 번개를 선물해 준다, 그것은 제우스가 그의 아버지를 이기는데 결정적

창조자에서 바람둥이로

그리스 신들의 이야기를 읽어보면 제우스는 여인들과 유희를 즐기는 것 외에는 어떤 다른 일도 하지 않는 것처럼 보이기도 한다. 그는 언제나 다른 모습으로 변신을 한다. 다소 추상적으로 보여 지기도 하지만 비교적 많은 이들이 제우스의 연애사 속에 등장한다. 예를 들면 제우스가 사랑한 자연의 정령 님프(Nymphe, 요정)들은 대지(가이아)와 관련 있는 최고의 창조주에 의해서 만들어진다. 제우스와 율법을 뜻하는 테미스(Themis) 사이에 세 여신 에우노미아(Eunomia, 질서), 디케(Dike,법), 에이레네(Eirene, 평화)가 태어난다. 제우스는 기억력의 여신인 므네모쉬네(Mnemosyne)와 결합하여 아홉 명의 뮤즈들을 낳았다. 클리오(Klio)는 역사, 에우테르페(Euterpe)는 피리음악, 탈리아(Thalia)는 희극, 멜포메네(Melpomene)는 비극, 테르프시코레(Terpsichore)는 합창시, 에라토(Erato)는 연애가, 폴리힘니아(Polyhymnia)는 춤, 우라니아(Urania)는 천문, 칼리오페(Kalliope)는 서사시를 주관하였다. 학자들은 이 외에도 제우스의 배우자인 헤라가 원래는 가이아처럼 독신으로 지내는 여신이었다고 추측하고 있다. 그 둘의 혼인은 정말 점잖지 못한 둘 사이의 싸움과 더불어 더 어린 한 젊은 시절의 소산일 뿐이다.

인 도움을 준다. 그리고 제우스는 메티스(Metis)를 설득하여 크로노스의 술에 약을 섞었다. 이 술을 마신 크로노스는 삼켰던 아이들을 토해냈다.

크로노스가 무력하게

제우스는 거인족들과 함께 아버지 크로노스와 싸웠으며 승리했다.

된 이후에 제우스는 가이아도 정복해야만 했다. 할머니 가이아는 제우스의 고압적인 태도에 혐오감을 느꼈었다. 그녀는 머리가 백 개 달린 불을 내뿜는 용 티폰(Typhon)을 제우스에게 보낸다. 전쟁이 땅 전체를 뒤흔들었다, 결국 제우스는 괴물을 번개로 쳐부수고 지하세계로 던져버릴 수 있게 된다. 그러자 가이아는 거인들을 또 보낸다. 그러나 이들도 역시 무력싸움 후에 정복된다.

세상을 창조한 여신의 지취

로마 작가 플리니우스는 기원전 3500년경 소아시아에서 그리스로 이동한 펠라스기족의 고대신화를 전하고 있다. '태초에 모든 사물들의 여신인 에우리노메(Eurynome)가 있었다. 그녀는 알몸으로 카오스 속에서 솟아 나왔다. 그런데 그녀는 발을 디딜 수 있는 단단하게 고정된 것을 발견할 수가 없었다. 그래서 그녀는 하늘에서 바다를 떼어놓고 물결 위에서 외롭게 춤을 추었다. 한동안 같은 자리에서 춤을 추던 여신은 갑자기 남쪽을 향해 움직이기 시작했다. 그녀 뒤에서 일고 있는 바람은 작품창조를 시작할 수 있는 새롭고 고유한 무엇을 보여주는 것만 같았다. 그녀는 뒤돌아서서 이 북풍을 잡아서 양손에 넣고 부드럽게 비볐다. 그러자 이 북풍은 커다란 구렁이, 오피온(Ophion)으로 변했다. 에우리노메는 구렁이의 차가운 몸에서 마침내 뜨거운 욕정이 꿈틀대기 시작할 때까지 원초적이고 열정적인 몸짓으로 춤을 계속 추어댔다. 오피온은 그의 거대한 몸으로 여신의 신성한 사지를 칭칭 감으며 그녀와 결합을 하고 말았다. 이렇게 하여 보레아스(Boreas)라고도 불리는 이 북풍은 여신을 임신시켰다.' 후에 오피온이 세상의 창조주라고 주장하자 에우리노메는 그를 살해한다.

학자들은 오늘날 번개를 현실세계로 던져주고 있는 제우스는 인도유럽어족으로부터 수입한 것이라는데 의견을 같이하고 있다. 제우스는 로마인들의 쥬피터(Jupiter), 게르만족들의 토르(Thor), 켈트족의 타라니스(Taranis), 슬라브족의 페룬(Perun), 히타이트인의 테슙(Teschup), 인도 사람들의 디아우수(Dyaus)와 유사하다. 인도유럽어족은 기원전 1900년경 그리스로 와서 미케네와 크레타 섬의 미노아 문명인 에게문명을 밀어냈다. 미케네도 미노아도 그들의 종교에 대한 문서를 남겨놓지는 못했다. 선문자 A라고 부르는 미노아의 글씨들은 오늘날까지도 해독할 수가 없다. 선문자 B라고 알려진 미케네의 글씨는 읽을 수 있지만 아주 쓸 만하지는 않다. 유일하게 보존되어있는 기록들은 몇몇의 저장물 기록과 세금 결산서다. 그런데 집권하고 있던 인도유럽어족의 최고신이 제우스와 거인족의 전쟁에서 고대 그리스의 자연신들을 내몰아냈을 수도 있다. 신들 사이의 그러한 밀어내기 과정은 항상 분명하게 드러나 있지는 않다. 최초의 신화들이 기록된 시기에 인류는 이미 폭력적인 사건들을 겪어내고 난 후였다. 가령 그 위대한 어머니의 시대는 이미 오래전에 지나갔다.

이집트—나일강변 문화의 나라

이집트는 초기역사에서 정치적으로나 종교적으로 안정된 나라
였다. 그러나 문화적으로 매우 폐쇄적이었으며 다소 민족주의경
향을 드러내고 있다. 상이집트(나일)와 하이집트(나일델타)는 기
원전 3000년경에 하나가 되었다. 이집트에는 세 왕국이 있었다.
이집트 고왕국(기원전 2700-2180), 중왕국(기원전 2060-1785),
신왕국(기원전 1540-1069). 여기에 마케도니아의 프톨레마이오
스 왕가(기원전 305-30)가 더 합쳐졌다. 첫 번째와 세 번째 왕조
중간쯤에는 지역영주들 사이에 힘이 분할되었다. 중왕국과 신왕
국 사이에는 힉소스라는 이민족이 이집트를 점령하기도 했다. 그
러나 정치적 이상은 언제나 통일왕조였다.

문화적, 정치적 삶은 처음부터 오로지 파라오를 중심으로 이루
어졌다. 커다란 피라미드들이 이미 제 5왕조(기원전 2500-2350)
때 만들어졌다. 이집트는 삶 전체가 중앙에서 조직되는 관료국가
였다. 프톨레마이오스 시대까지 사람들은 돈 없이 살았다. 왜냐하
면 파라오의 관료들이 농작물과 공산품의 대부분을 거두어 들여
서 다시 그것을 사원, 군인, 관료, 노동자, 궁핍한 자들에게 분배
했다. 실제적으로 모든 사람은 궁정과 사원에 고용되어 있었다.
농부들도 비가 많이 오는 4개월 동안은 피라미드나 다른 큰 사업
에서 돈을 벌었다.

이런 이유로 이집트의 가장 중요한 여신은 우주의 질서를 상징

하는 마아트다. 그녀에 대해서 어떤 신화에도 저술되어 있지 않으며 대단한 제식도 행해지지는 않았다. 마아트는 하루하루의 삶을 규정하고 정리하는 하나의 원칙이다. 눈에 보이는 모든 것이 잘 이루어져 있다. 삶은 종교에 의해서 규정되었다. 파라오는 태양신의 아들로 혹은 호루스(Horus)의 화신으로 여겨졌다. 피라미드 건설로 사람들은 신들에게 닿고자 한다. 많은 사원에서 매일 제물을 바쳤다. 여러 시대에 제사장은 파라오보다 더 부유하고 힘이 있었다.

그러나 종교적인 통일성은 없었다. 분명한 친족질서와 조화롭게 흘러가는 신들의 이야기를 찾는 다는 것은 헛된 일이다. 그 이유 중 하나는 모든 곳에 지역신과 신화가 있다는 것이며 또 다른 이유는 이집트 종교는 매우 적극적으로 행해지기 때문이다. 신들의 위대함, 힘, 영광을 묘사하는 것이 중요했다. 그래서 기원전 2000년 이후에야 기록된 찬미가들이 신화보다 더 중요했다. 신들의 동일시가 중요한 의미를 지니게 되었다. 그래서 거의 모든 신은 힌번은 세상의 창조주가 된다. 이시스(Isis)와 하토르(Hator)는 '아름다운 여신들 중 가장 아름다운 여신' 으로 여겨졌으며 둘 다 동시에 파라오들의 어머니다.

이집트에는 항상 일신교의 경향이 잠재되어 있었다. 근본적으로 여러 신들은 일면들만, 즉 한 신의 힘 일부를 재현하고 있는 것이다. 아메노피스 3세(Amenophis III, 기원전 1353-1336)가 에크나톤(Echnaton)의 이름으로 태양신 아톤(Aton)을 유일한 신으로 선언했을 때 그것은 총체적인 종교 체계의 파괴와 결부하게 되었다. 에크나톤은 모든 신들을 아톤의

피라미드는 원래 하늘과 연결하기 위해서 만들어졌다.

일면들로 여겨지게 내버려 두지 않았다. 그는 그들의 조각상을 부셔버리고 사원을 닫아버리게 했으며 새로운 수도를 건설했다. 에크나톤은 스스로를 아톤의 최고사제로 명했다. 그러나 그가 죽은 뒤 옛날 신들은 다시 전래되어 오던 그들의 의미를 돌려받게 되었다. '이교도시대'에 대한 모든 기억은 뿌리째 지워져 버렸다.

5. 전능한 창조주

구약성서에서 조물주는 데미우르그(Demiurg)다. 신화 연구가들은 수공업자처럼 모든 창조물을 만든 신의 모습을 데미우르그라고 부른다.

금속인간

이집트 신 프타(Ptah)는 하나의 데미우르그다. 멤피스 창조신화에서는 그가 인간과 다른 신들을 금속으로 만들었다고 전한다. '그는 신들을 그들의 신전에 앉히고 그들의 수입을 확정해주고 예배당을 지어 주었다. 그는 그들의 몸도 만족스럽게 만들어 주었다.'

늘 그렇듯이 이집트에는 프타

테벤 신 아문은 종종 산양머리를 하고 있는 것으로 그려진다.

이야기에 대한 여러 가지 설이 있다. 이를테면 프타가 신들을 그의 심장 속에서 만들고 혀로 그들의 이름을 만들어 주었다는 이야기도 있다. 여기서 프타는 수공업자로서의 역할 이상을 의미하게 된다. 구약성서의 여호와처럼 그는 모든 창조를 책임지는 전지전능한 신이다. 이집트 새 왕국에서는 테벤의 지역신 아문이 그러한 신의 근원이다.

신과 그의 조수들

　　다른 문명에는 또 다른 이야기들이 있다. 신들의 하늘은 점점 더 넓고 다채롭고 인간과 유사해졌다. 신들은 특별한 능력을 가지고 있는 불멸의 초인간으로 타락해갔다. 가장 인간적인 모습을 드러내는 신들이 인기가 있었다. 괴물을 물리친 위대한 영웅, 혹은 저항할 수 없는 미인. 신들의 원리, 모든 생명체의 원초적 힘에 대한 생각은 잊혀졌다. 아마도 그리스의 가이아와 같은 초기 신들도 처음에 이러한 면을 가지고 있었을 수도 있다. 그런데 신화적으로 그들이 그렇게 알차게 그려지지 않았다. 그들은 너무 추상적이고 일상과 거리가 멀었다. 그 결과 그들은 거의 존경을 받지 못했다. 시간이 지나면서 자신의 지위를 획득하기 위해 힘들게 싸워야만 했던 엔릴, 마르둑, 제우스와 같은 그들의 후손들은 멋진 영웅과 신이 되기도 했다. 아프리카나 북미 같은 종족문화의 경우 추상적인 신의 모습이 아주 종종 발견된다. 가끔 이것은 거의 일신교와 유사해진다. 하위신들의 무리를 지배하는 최고의 신이 있다. 이 신은 생각 속에서 창조물을 만든다. 그가 생성시켜 놓은 첫 존재에게 미천한 작업을 떠맡긴다. 그리스 철학자 아리스토텔레스(기원전 384-322)가 표현하듯이 그는 단지 '제 1 동인' 일 뿐이다.

그는 모든 창조 과정의 시작을 알리는 유발자다.

말리의 도곤족은 이 추상적인 신을 암마(Amma)라고 부른다. 그는 생각 속에서 전 우주를 만들어 알 속에 넣어둔다. 이 알에서 쌍둥이가 태어나고 암마의 생각을 실행시키게 된다.

라코타족이나 수우족은 그들 최고의 신, 위대한 정령을 와칸 탕카(Wakan Tanka)라고 부른다. 어둠만이 있었을 때 그는 바위인 최초의 신 인얀(Inyan)속에 있었다. 인얀은 그의 피로 땅의 신 마카(Maka)와 물의 신을 만든다. 물에서 하늘신 스칸(Skan)이 태어나고 그가 태양 위(Wi)를 태어나게 한다. 이 네 명이 친척 신인 달, 바람, 별, 천둥새 신들과 하위신인 두 다리신, 물소신, 네 개의 바람신, 회오리바람신, 그리고 네 명의 정신적 원리의 신들(죽은 영혼, 희미함, 삶의 숨결, 정신적 힘)을 창조한다. 그들은 모여서 다음과 같이 말한다. "우리는 네 명이긴 하지만 와칸 탕카라는 한 뿌리를 가지고 있다. 그는 신들의 신이다."

뉴멕시코 주니족은 창조주를 아워나윌로나(Awonawilona, 모든 것을 포함한 존재)라고 불렀다. 그에 대한 이야기는 다음과 같다. '태초에 아워나윌로나는 혼자 곰곰이 생각한 끝에 위로 피어오르는 수증기로부터 만들어진 안개가 번지고 있는 공간속에서 나와야겠다고 생각했다. 이제 그의 마음속에 있던 지식들을 통해 모든 것을 포함하고 있는 존재 태양을 만들었다.' 태양신은 대지의 어머니와 하늘의 아버지를 만들게 되었고 그 둘은 인간을 만들었다.

다양한 생각들

한 명의 신은 어쨌든 스스로 만들어졌어야만 한다는 생각이 이집트인들 머릿속에 항상 존재하고 있었다. 고대 왕국의 한 찬미가에서는 다음과 같 이 노래하고 있다. '스스로 생성된 자, 아툼에게 인사를, 케프리(Chepri) 에게 인사를' 그 이후의 어떤 글에서는 다음과 같이 말한다. '스스로 생 성된 위대한 신, 그것은 물이다. 그것은 신들의 아버지, 원시 하천이다 – 다른 곳에서는 그것을 레라고 한다.' 모두의 권리가 인정되는 다음과 같 은 구상도 있다. '아툼–레에 의해서 만들어져서 프타에 의해 현신화 되 고 크눔(Chnum)에 의해서 세공된 아문이 신들의 원천이다.'

6. 진흙과 침—인간 창조

성경의 창조이야기에서는 인간이 6일째 되는 날 완성된다. '그러고 나서 하나님이 말씀하셨다. 우리의 형상대로 인간을 만들라. 그들은 바다의 물고기, 하늘의 새, 가축, 모든 육지동물, 땅위에 기어 다니는 모든 동물들을 다스리게 될 것이다!'

인간—창조의 절정

이 말이 끝난 후에 이전에 만들어진 모든 것들이 인간에게 생활 공간과 양식을 주는 목적을 가지게 되었을 것이다. 그러나 한 때 자연을 마구 남용했던 한 신화이야기는 인간에게 큰 영향을 미치기도 했다. 모든 문화가 똑같지는 않다. 가령 그리스 신화에서 인간들은 누가 만들었을까? 올림포스 신들 간의 싸움은 너무나 흥미진진해서 인간이 없다는 사실을 쉽게 간과하고 있다. 티탄족인 프로메테우스가 대지에서 흙을 조금 떼어내어 물로 반죽하여 인간을 만든다. 프로메테우스는 그 이후에 인간의 교육과 문화를 염려한다. 그가 불을 훔쳐 인간에게 내줌으로써 생긴 결과를 생각해 보면 인간에게 문명을 전해주는 일이 그렇게 쉽지 만은 않았다.

인간—순수한 수공

이집트 신화에서도 우주의 태양, 달, 별, 대지, 하늘 간의 연관성이 중요한 문제다. 여기서도 아툼의 눈물로 만들었다고 하는 인간 창조는 뒷전에 밀려나 있다. 아스완(Assuan)에서는 숫양의 머리를 한 크눔(Chnum) 신을 경배했다. 크눔은 물레를 돌려 진흙으로 신과 인간과 동물을 만들었다고 한다. 크눔에 대한 찬미가는 마치 해부학 도감 같다. 그 찬가는 신이 지주 역할을 하는 척추와 함께 뼈대를 어떻게 만들었으며, 그가 장기들을 어떻게 붙였으며, 생식기를 어떻게 만들었으며, 몸 전체를 어떻게 피부로 씌웠는지를 이야기해주고 있다. 이집트인들이 초기역사에서 최고의 의사들이었던 것은 그만한 이유가 있었다.

인간은 어디에서 왔을까?

대지는 세계 신화에서 인간을 만드는 데 가장 사랑받는 재료다. 아담은 '흙으로 만들어진 남자' 다. 그런데 그 형상에 생명을 불어넣어 주는 것은 언제나 신의 섬광이다. '신은 흙덩이에서 인간을 만들고 그의 코 속에 생명의 숨결을 불어 넣었다.' 라고 성경에서 말하고 있다. 프로메테우스의 창조물들은 아테네 신의 숨결을 얻는다. 보르네오 섬의 새의 정령 아라(Ara)와 이릭(Irik)은 처음에 나무에서 흘러나온 즙으로 인간을 만들려고 했다. 그것이 성공할 수 없게 되자 그들은 진흙을 가져와 그들과 같은 새의 목소리를 가진 형상에게 생명을 불어 넣는다.

에다에는 오딘(Odin)과 그의 형제들이 물에서 떠내려 온 두 개의 통나무를 건져서 최초의 인간들인 물푸레나무로 된 남자와 느릅나무로 된 여자를 만들었다고 전한다. ‘운명이 없는, 아스크와 엠블라. 그들은 영혼이 없었으며 감각이 없었으며 생명의 온기도 빛나는 색채도 없었다. 오딘이 영혼을, 호니르가 감각을, 로두르가 생명과 색채를 주었다.’ 멜라네시아의 신 이피아라(Ipiala)는 나무로 인간을 만들어 사과나무의 하얀 즙을 그의 얼굴에 발라 생명을 불어넣어 준다.

아스텍족 이야기에서는 뱀신 케찰코아틀(Quetzalcoatl)이 이 세상의 거주자들을 창조했다. 그는 예전에 우주가 멸망했을 때 죽었던 한 여자의 뼈를 지옥에서 발견하고 그것을 대지의 여신 치후아코아틀(Chihuacoatl, 여인뱀)에게 가져간다. 그녀는 그것을 갈아서 음식 속에 섞는다. 케찰코아틀은 그의 페니스에서 떨어진 핏방울을 거기에 섞어 넣어 이 죽으로 인간을 만든다. 메소포타미아 신화 중 하나는 고대의 신들이 인간을 만들기 위해서 반란을 일으킨 어린 신을 죽여 그의 살과 피를 흙과 섞었다고 한다.

신들의 혈통

또한 많은 신화들 속에서 인간은 창조물이 아니라 신들의 자식들이다. 포니족(Pawnee) 인디언들의 경우 태초의 신 티라와(Tirawa)가 해와 달에게 하나가 될 것을 명령한다. 그 둘로부터 최초의 남자가 만들어 진다. 그의 부인은 아침별과 저녁별을 낳았다. 남서쪽 인디언종족은 어머니 대지와 아버지 하늘의 아이들로 여겨진다.

뉴질랜드 마오리족에게 인간은 절반의 신으로부터 기인한다. 숲의 신 탄네(Tane)는 한 여인을 얻기를 원했다. 그는 하와이키 섬의 모래로 한 여자를 만든다. 그녀와의 사이에서 딸 하나를 얻게 되는데 그는 그 딸도 부인으로 삼는다.(그녀는 아버지와 잔 사

위대한 신들의 신화는 인간의 기원과 밀접한 관련이 있다.

실을 알게 되었을 때 수치심으로 인해 지옥으로 도주한다. 그것은 바로 땅 위였다. 그녀는 하늘과 땅을 연결해주었던 밧줄을 끊어버렸다.)

헤시오드(Hesiod)의 작품

그리스인들도 신들의 혈통을 동경했다. 헤시오드는 프로메테우스 전설의 대체 이야기로서 다섯 개의 시대 신화를 창작했다. 크로노스 시대에는 신들이 횡금의 족속을 만들었다고 한다. 그들은 죽은 이후에 선한 정령들로 계속 존재했다. 그 다음으로 신들은 은으로 만든 족속을 만들었다. 이들은 난폭했다. 제우스는 땅의 정령으로서 그들을 지옥으로 추방했다. 다음 족속은 청동을 발견했으며 그것으로 하나의 문화를 건립했다. 그러나 그들은 새로운 무기로 서로를 학살했다. 이제 신들은 인간여인들과 더불어 영웅족속을 낳았다. 그들은 초인적인 행위에 대한 보상으로 죽은 이후에 아름다운 섬에 살게 되었다. 헤시오드에 따르면 지금은 선과 악이 섞여있는 철의 족속이 살고 있다. 그들은 머리가 하얗게 세어진 아이들이 태어나고 부모를 더 이상 공경하지 않게 된다면 언젠가 멸망하게 될 것이다.

헤시오드의 동료인 우화작가 이솝은 다른 이야기를 전하고 있다. 제우스는 프로메테우스에게 찰흙으로 동물과 인간을 만들라고 명령했다. 그가 맘대로 너무 많은 동물들을 만들자 제우스는 그들 중 일부를 사람으로 만들게 했다. 그래서 유감스럽게도 그들은 동물의 영혼을 가지게 되었다.

왜 아프거나 기형인 인간들이 있을까? 한 수메르 신화에서는 다음과 같은 이야기가 전해진다. 남무가 그녀의 아이 엔키에게 신들이 수행해야만 하는 힘든 일에 대해서 불평했다. 이 말을 듣고 엔키는 시중드는 인간을 만들었다. 신들은 이 일을 치하하기 위해 큰 축제를 열었고 이 때 엔키의 부인인 닌마(Ninmah)는 그녀가 임의로 몸을 빚을 수 있을 것이라고 생각했다. 엔키는 그녀가 성공한다면 그녀가 만든 것들 모두에게 한 자리를 마련해 줄 수 있을 것이라고 내기를 한다. 닌마는 결함이 있는 인간들을 만든다. 그런데 엔키는 눈이 보이지 않는 자를 음악가로 만들고, 거세된 남자를 하인으로 만든다.

7. 대지의 건축

　제우스는 그의 형제들과 함께 세상을 나눈다. 그는 하늘을 지배하고 포세이돈은 바다, 하데스는 지하세계를 지배한다. 그리스인들처럼 대부분의 다른 민족들도 세상을 세 개의 층으로 소개한다. 가장 높은 영역인 하늘, 그 아래에는 땅, 땅 아래에는 죽은 자들의 왕국. 때때로 한 두 개의 층이 더 존재한다. 그것은 가장 아래의 지옥이라든가 또는 신의 자리로서 일곱 번째 하늘이다.

세계수, 뱀, 밧줄로 지탱되다

　여러 신화를 보면 모든 창조물이 생성된 태초의 홍수가 대지를 지나갔다. 이러한 폭력적인 바다 속에서 대지가 그 형태를 잃지 않도록 하기 위해서 어마한 뱀 한 마리가 대지에 꽉 붙어 있었다고 많은 민족들이 믿고 있다. 게르만족 신화에서도 미드가르드(Midgard)뱀이 대지를 빙 두르고 있다. 뱀의 사악함을 참작해서 위협을 나타내고 있는 것이다. 사람들은 천공을 대개 대지 위에 있는 하나의 반구형으로 생각한다. 중국신화에서는 이 하늘의 네 귀퉁이를 네 개의 산이 받치고 있으며, 게르만족 신화에서는 네 명의 난쟁이들이 하늘을 받치고 있는데, 아우스트리(Austri), 베스트리(Vestri), 수드리(Sudri), 노르디(Nordi)가 이들의 이름이다. 다른 문화에서도 방향은 큰 의미를 가지고 있다. 아스텍족의 경우 네 방향의 신인 네 명의 테츠카틀리포카(Tezcatlipoca)가 있다.

어떤 민족들의 상상 속에서는 세계수가 세상의 여러 층들을 종종 떠받들고 있기도 한다. 에다에는 다음과 같이 설명하고 있다. '나는 위그드라실(Yggdrasil)이라고 하는 물푸레나무를 알고 있다. 그 거대한 나무는 밝은 비로 적셔져 있다. 그곳에서 계곡으로 떨어지는 이슬이 흘러나온다. 이 나무는 늘 푸른 채로 우르드(Urd) 우물가에 서 있다.'

위그드라실의 잔가지들이 전 세계에 뻗어있으며 하늘까지 닿아있다. 세 개의 거대한 뿌리는 지하세계 속으로 뻗어 있다. 첫 번째 뿌리가 있는 한 우물에는 용 니드회그르(Nidhöggr)가 살면서 뿌리를 갉아먹고 있다. 두 번째 뿌리에는 난장이 미미르(Mimir)가 살고 있는 지혜의 우물이 있다. 세 번째 뿌리 밑에는 운명의 여신 우르드의 성스러운 우물이 있다. 신들은 이곳에서 날마다 만나 회의를 연다고 한다.

세계수에 대한 상상은 널리 퍼져있다. 중국인들도 이런 나무를 여럿 가지고 있다. 한 우주수는 그늘을 드리우지도 않으며 모든 메아리를 삼켜버린다. 그 가지들은 300미터 높이에서 시작하며 아홉 개의 관통할 수 없는 덤불로 얽혀있다. 뿌리도 마찬가지로 아홉 개의 매듭을 만들고 있다. 우주수인 복숭아나무 가지에는 하늘로 가는 문들이 있다. 그러나 무서운 동물들이 이 문을 지키고 있다. 또 뽕나무 가지에는 오래 전에 10개의 태양이 쉬고 있었다. 매일 아침 당번이 새를 타고 나무 꼭대기로 날아와 그곳에서부터 세상여행을 한다.

아프리카에도 우주수에 대한 상상이 존재한다. 사하라에서는 우주수가 지하세계에서는 무화과나무 모양을, 땅 위에서는 석류나무 모양을, 또 다른 곳에서는 포도나무 모양을 하고 있을 것이라 믿었다. 그래서 오아시스 중앙에는 석류나무를, 서쪽에는 무화과나무를, 동쪽에는 포도나무를 심었다. 우주 밧줄

게르만 민족들의 이야기에 따르면 땅 한 가운데에 늘 푸른 나무인 우주수가 있다고 한다.

에 대한 이야기도 있다. 이 밧줄은 오래전부터 하늘에 매달려 있으면서 인간들이 신에게 닿을 수 있도록 해 주었다. 그런데 다양한 이유들로 인해 이 밧줄은 끊어져 버렸다. 어리석음과 악의로 인해, 혹은 노여움으로 인해 하늘과 연결해주는 이 밧줄은 끊겨 버렸다. 끊어진 밧줄은 종종 하늘의 작품이기도 했다. 신들이 인간들의 악의에 실망해서라든가, 혹은 신들이 땅의 발전을 도와주는 프로그램을 이제 종료해야겠다고 여겼기 때문이라고 한다.

명상을 위한 우주론
인도 만다라들은 우주론적 그림들로부터 발전된 것이다. 가운데는 주요 신들과 그들의 상징이 그려져 있으며 둥글게 그 주변에는 다음으로 중요한 신들이, 구석에는 사방의 구성요소들이 그려져 있다. 아스텍문명에도 이와 비슷하게 표현된 것들이 있었다.

아홉개의 세계

게르만 민족들에게는 지하세계, 땅, 하늘이 한 번 더 각각 세부분으로 나누어져 있다. 죽은 자들의 나라인 니플하임이 가장 아래층에 있다. 그 옆에 심연의 지옥 니플헬(Niflhel)이 또 있다. 이곳은 친지살해나 위증자와 같은 중죄인들이 떨어지는 곳이다. 그 외에도 이 영역에는 너무나 끔찍하게 생겨서 묘사하지 않는 게 낫다는 나쁜 난쟁이 검은 정령들이 살고 있다. 땅 위 미드가르드에는 물론 인간들이 살고 있다. 바다에는 고대 지신과?? 수신들의 고향인 바나하임이 있다. 세 번째 거주자들은 요툰하임에 살고 있는 거인들이다. 하늘에는 신들의 성 아스가르드(Asgard)가 있다. 이곳은 원래 성들이 모여 있는 곳이었다. 열 두 명의 주신들이 여기에 각각 하나의 궁전을 가지고 있었다. 그들과 함께 선한 난쟁이 밝은 정령들이 이 영역을 나누어 가질 수 있었다. 그 외에도 그곳에 불의 나라 무스펠하임이 있었다. 무지개다리 비프뢰스트가 하늘과 땅 사이를 연결해 주고 있다. 그러나 신들만 그 다리를 이용할 수 있으며 모든 다른 존재들은 붉은 광선에 의해 타버리게 된다.

아포칼립스 나우(Apocalypse Now)

이 세상은 한 번 창조되었으므로 다시 멸망할 수도 있다. 게르만 신화는 괴물들과 신들의 마지막 싸움인 라그나뢰크(Ragnarok)라는 극적인 세계멸망 시나리오를 잘 알고 있다. 성경에

신화들 속에는 천공을 받치고 있는 뱀에 관한 이야기가 있다.

있는 아포칼립스(요한 묵시록)는 세계종말을 이야기 하고 있다. 아스텍 신화에 따르면 우리는 이미 다섯 번째 세상에 살고 있으며 언젠가 거대한 지진으로 죽게 될 것이라고 한다. 호피족 신화에 따르면 현재는 총 다섯 개중 네 번째 세계다. 힌두신화를 보면 이 세계는 단지 지난 과거로부터의 업보가 변형되어 있는 많은 세계들 중 하나 일 뿐이다. 이 세계 또한 인간들의 과오가 너무 지나치게 되면 붕괴되고 사라지게 될 것이다. 그러나 그들의 업보는 바람으로 허공 속에 머물게 되어 언젠가 비가 되고 거대한 대양을 이룰 것이다. 이 대양에서 다시 원시 언덕이 솟아오르고 그 위에 언젠가 형체를 드러내게 될 정령들이 우선 거주하게 되고 하나의 새로운 세계가 생겨나게 된다.

그리스―고전적인 고대의 나라

신화는 한 민족의 종교와 문화의 생생한 모습을 보여 줄 수 있다. 고대 그리스에서는 올림포스 신들의 불화와 싸움 이야기가 오히려 약간 감추어져 있는 듯하다. 왜냐하면 그리스인들은 경건한 민족이었기 때문이다. 그들의 거대한 신전이 이를 말해주고 있다. 그리스 건축가들은 원본을 쫓아 만들지 않고 완벽함과 절대적인 조화를 추구했기 때문에 모두가 비슷비슷하다. 로마인들이 간단한 벽돌건물 앞에 화려한 외관을 만들어 놓은 것과 같은 일은 그리스인들에게 중요하지 않았을 것이다. 신들이 모든 것을 내려다보았다. 신을 속여서는 안 된다는 것을 결국 프로메테우스가 경험해야만 했었다. 프로메테우스는 두 개의 제물, 즉 하나는 맛있는 살코기와 내장을 가죽에 싸서 그 위에다 곱창을 씌워놓고 또 다른 하나는 뼈를 기름진 비계로 덮어 맛있게 보이게 한 뒤 제우스에게 한 쪽을 선택하라고 했다. 제우스는 겉만 보고 기름기가 덮여진 뼈를 골랐다. 제우스는 너무 화가 나서 인간들로부터 불을 빼앗아 갔다. 그러나 프로메테우스가 불을 다시 훔쳐서 인간들에게 가져다주자 제우스는 분노하며 그에게 벌을 내렸다. 이제부터 프로메테우스는 사슬에 묶인 채 암벽에 매달려 있어야만 했다.

가장 오래된 그리스 신화는 호머(기원전 8세기)의 일리아드와 오디세이에 전해져 내려온다. 얼마 후에 헤시오드(기원전 735-680)가 세상의 생성과 신들의 기원에 관한 이야기인 신통기를 집필했다. 둘 다 여러 문화들을 소재로 다루고 있다. 즉 호전적인 미케네, 평화적인 크레타, 인접한 소아시아, 도리스, 이오니아, 에올리아인들의 조상인 인도유럽 이민족에 대한 이야기들을 다루고 있다.

거대한 문화 축제들도 하나의 중요한 역할을 하고 있다. 제우스를 기리기 위한 첫 올림픽 경기들이 기원전 776년에 열린다. 그것은 스포츠 시합 뿐만 아니라 제물을 바치는 의식, 행진, 춤, 음악 시합 등도 포함되어 있었다. 여기에서도 완벽성이 중요하다. 인간들은 신들에게 가장 빨리 달리는 선수, 최고의 연주자, 나체, 사랑스러운 음악, 금 뿔이 달린 하얀 황소와 같은 흠잡을 데 없는 제물을 보여주고 싶어 했다.

극장도 디오니소스를 기리기 위한 합창과 같은 종교적 행사에 의해서 생겨났다. 시인들은 마지막으로 극적인 이야기가 전개될 때 까지 합창곡을 처음에는 한 가수에게 부르게 하고 다음은 여러 가수들이 함께 부르게 했다. 가장 사랑받던 소재는 그리스 신화의 가족사였다. 이 드라마에서 신들은 종종 그려지듯 다툼으로 분열된 대가족이 아니라, 구해주거나 벌을 주면서 개입하는 힘 있는 형상들이었다. 신들을 인간적으로, 영웅들을 신적으로 만드는 경향은 호머로부터 시작된다. 그래서 그리스 철학자들에게 신들은 대체로 적개심을 불러일으킨다. 많은 이들이 오히려 고대의 기본 원소 신들이나 추상적인 미덕의 신들을 고수했다. 또 어떤 이들은

종교를 비판했다. 크세노파네스
(Xenophanes, 기원전 570-480)
는 만일 소, 말, 사자가 손을 가지
고 있어서 그 손으로 그림을 그릴
수 있다면, 말은 신의 형상을 말처
럼, 사자는 사자처럼, 소는 소처럼
그릴 것이라고 조롱했다. 소크라테
스(기원전 470-399)의 경우 신적

그리스 사원 건축가는 완벽성을 위
해서 노력했다. 세부적으로 일일이
계획을 세워 준비했다.

인 것은 무엇보다도 새로운 신들을 경배하기 때문에 그에게 사형
선고를 내리게 했던 어떤 추상적인 거물이었다. 에우헤메로스
(Euhemeros)는 그의 저서 성기록(기원전 300)에서 신들이 원래
그들의 업적으로 인해 예찬 받게 된 선사시대의 왕들이었다는 것
을 증명하고자 했다.

8. 창조신화들이 정치적이 된다면

다른 민족들에게는 세계의 생성인 것이 로마인들에게는 그들의 수도가 생성된 이야기였다. 도시의 건국 이래로(Ab urbe condita)라는 리비우스의 로마 역사책에서 그렇게 이야기 하고 있으며 그것이 로마인들의 생각이기도 했다.

아이네이아스(Aeneas)—고향을 찾는 영웅

원래 로마인들은 소박한 농부 출신의 조상들로부터 유래한다. 그들은 식물 신들과 그들 조상의 영혼들인 라레스(Lares)와 가정의 수호신 페나테스(Penstes)를 경배했다. 모든 집에는 그들의 그림이 있었으며 매일 제물을 받쳐 그들을 모셨다. 그들 도시의 건립이야기는 트로이 전쟁과 연관이 있다. 아프로디테의 아들이며 프리아모스의 사위인 영웅 아이네이아스는 도시가 몰락할 때 그의 목숨뿐만 아니라 트로이 왕실의 페나테스도 구할 수 있었다. 그는 우선 그들을 위한 새로운 고향을 찾고자 했다. 그러나 그곳의 대지가 저주 받았다는 나쁜 예언들이 나타났다. 오디세이의 항해에 전혀 뒤지지 않는 무자비한 방황에서 아이네이아스는 이후 로마 이야기에서 중요한 수많은 장소들에 이르게 된다. 모든 이야기가 예언들을 잔뜩 인용하고 있다.

이탈리아에서 아이네이아스는 딸이 낯선 사람과 결혼하게 된다는 예언에 포함되어 있는 라티누스 왕을 만난다. 그는 아이네이아스를 친절히 맞이하고 딸 라비니아를 그의 부인으로 준다. 그들은 함께 남은 라틴족과 첫 싸움을 시작한다. 그런데 아이네이아스는 에반드로스(Evandros)왕의 도움이 있어야만 자신이 전쟁에서 이길 수 있다는 꿈을 꾼다. 그래서 후에 로마지역을 지배하게 된 이 전설적인 지배자도 아이에이아스 전설과 관련이 있게 된다.

로물루스(Romulus)와 레무스(Remus)

가장 오래된 전설 이야기에서는 아이네이아스가 스스로 로마를 건립했다. 후에 사람들은 이 이야기를 역사적인 사실들에 맞게 맞추었다. 왜냐하면 트로이의 몰락과 로마 건국 사이에 약 400년의 차이가 있기 때문이다. 아이네이아스는 알바 롱가(Alba Longa)를 건립했을 수도 있다. 그의 뒤를 이어 실비우스(Sylvius), 라티누스(Latinus), 알바(Alba), 카페투스(Capetus), 카피스(Capys), 칼페트루스(Calpetrus), 티베리우스(Tiberius), 아그리파(Agrippa), 알라데스(Allades), 아벤티누스(Aventinus), 프로카스(Procas), 누미토르(Numitor)가 왕을 지낸다. 마지막 누미토르는 동생 아물리우스(Amulius)에 의해서 강제로 퇴위 당한다. 아물리우스는 누미토르의 딸 레아 실비아(Rhea Silvia)를 결혼이 금지 된 여사제로 만든다. 그러나 어느 날 실비아는 물을 뜨러 갔다가 마르스(Mars) 신과 동침하여 두 아이 로물루스와 레무스를 낳았다. 이들은 아물리우스에 의해 바구니에 담겨져 버려졌으나 후에 로마가 세워지는 곳으로 떠내려가 늑대의 젖을 먹고 양치기 파우스툴루스(Faustulus)에 의해서 키워지게 된다. 레무스가 약탈 짓을 하다가 잡히자 로물루스가 그를 구해주고 삼촌을 죽여 누미토르를 다시 왕위에 앉혔다. 쌍둥이들에게는 알바 롱가의 이미 정해진 상태들이 너무나 지루했다. 그들은 그곳을 떠나 로마를 건설한다. 도시창립 관례에 다음과 같이 상세하게 묘사되어 있다. 로물루스는 쟁기로 미래의 경계선을 만들었다. 그 앞에는 하얀 소들이 묶여 있었다. 이 고랑을 넘어가는 것은 금지였다. 그래서 쟁기가 나중에 성문이 될 그곳에 치켜세워져 있어야만 했던 것이다. 레무스는 그의 신전 위에서 먼저 한 예언을 보게 된다. 즉 레무스는 6마리의 독수리를 보았고 로물루스는 12마리를 발견하여 로물루스가 책임자가 된다는 것이다. 두 형제는 사이가 벌어지게 되고 서로 싸우게 된다. 어느 날 레무스가 로물루스의 일을 조롱하면서 쌓고 있던 성벽을 뛰어넘자 로물루스는 레무스를 죽인다. 그리고 나서 미래에 그의 도시 성벽을 헤치고자 하는 자는 누구나 이와 같이 죽게 될 것이라고 말한다.

인위적인 종교

모든 신화가 경건한 신념으로부터 생성된 것은 아니라는 점을 마음 놓고 시작점으로 삼아도 된다. 나일강변의 마케도니아인들을 지배하기 시작했던 이집트 파라오 프톨레마우스(Ptolemaus) 1세는 이집트와 그리스적 요소들이 합쳐진 새로운 종교를 만들어 냈다. 그의 고문들은 오시리스, 성스러운 소 아피스(Apis), 그리스 데메테르 여신으로부터 세라피스(Serapis)라는 존재를 만들었다. 이집트인들은 이 존재로 많은 것들을 시작할 수 없었지만 그리스인들의 경우 세라피스 숭배는 커다란 성공을 거두었다. 왜냐하면 세라피스는 삶의 기쁨을 누리는 내세를 약속했기 때문이었다.

형제살인과 그 결과

이러한 살해는 수백 년 동안 도시역사 속에서 분노의 스캔들로 여겨진다. 이후의 많은 이야기들 속에서 이 살인행위는 로물루스의 한 친구 탓으로 돌려진다. 시간이 지나면서 이 이야기는 점점 더 현재 로마 역사와 연관성을 가지고 꾸며지게 된다. 무엇보다 리비우스와 베르길리우스는 그들의 후원자인 아우구스투스 황제의 행위와 관련된 이야기를 지어낸다.

아이네아스가 아우구스투스의 개인적인 보호신인 태양신에게 봉헌했을 때, 악티눔에 하늘이 밝아졌다. 악티눔 해전에서 아우구스투스는 클레오파트라와 그녀의 연인 마르쿠스 안토니우스를 살해할 수 있게 된다. 카타르고에서 아이네아스는 신들의 명령에 따라 한밤중에 그의 연인 디도 여왕을 떠나야만 한다. 그 이유는 로마와 북아프리카 도시사이의 갈등 때문이라고 간단히 설명하기도 한다. 아이네아스는 그의 아버지 앙키세스(Anchises)를 위한 장례식을 거행한다. 그 의식은 후에 로마에서 관례로 행해지게 된다. 배 경주는 막시무스 원형 경기장에서 벌어진 전차 경주와 유사하다.

물론 로마인들만 정치 신화를 가지고 있는 것은 아니다. 가령 수메르 도시 우룩은 술잔치에서 건립된다. 지혜의 신 엔키는 신성률(神聖律)인 '메(Me)' 판들을 소유하고 있었다. 메는 그에게 모든 신을 지배하는 권능을 주었다. 이난나(Inanna)는 그를 매우 부러워했으며 어느 날 엔키를 찾아온다. 엔키는 연회를 벌여 그녀를 반겨주며 이 때 너무 취해서 메를 그녀에게 넘겨주어 버린다. 그가 그것을 알아차렸을 때 이난나는 이미 집으로 돌아가고 있었다.

엔키는 사신을 뒤쫓아 보냈으나 이난나는 그들을 주문으로 방어할 수 있었으며 성스러운 '메'를 우룩으로 가지고 갔다.

II. 태양, 비, 사회질서—근원신화

모든 민족들이 세계 창조 신화를 가지고 있지는 않다. 일상적인 것들의 기원이 더 중요하기도 했다. 수렵꾼과 수집가였던 인간들이 정착 농민이 되었을 때 그들 삶에서 우연성이 사라지게 되었다. 그들은 더 이상 자연재해로부터 심하게 노출되어 있지 않았으며 야생동물을 죽이면서 살 필요가 없었다. 그들은 삶을 스스로 조형할 수 있었으며 지켜야만 하는 자연의 법칙이 있다는 것을 발견했다. 태양과 물 혹은 들판의 작물들과 같은 것들을 지배하는 힘들과 어떻게 잘 지낼 수 있을까를 고민하기에 이르렀다.

기원전 8000년 경 최초의 농부들에게 가장 중요한 여신은 대지였으며 여성만이 경작지를 경작했다. 그러나 여기에 대해서는 아직 전해지는 신화 이야기가 없다. 기원전 400년 경 쟁기의 발명으로 비로소 신들의 묘사와 남성 생식기의 상징물들이 늘기 시작했다. 쟁기질을 하는 것은 남성들의 일이었기 때문이다. 금속가공, 위계적 사회의 생성, 종족들과 국가들 간의 전쟁의 시작과 더불어 신들 이야기는 남성화 되어갔다. 이제야 비로소 전쟁의 신, 대장장이 신, 다른 것들을 지배하는 신들이 등장하고 신화는 변화하게 되었다.

1. 물활론과 그 흔적들

학자들은 자연 속에 모든 것, 즉 모든 동물, 모든 식물, 돌과 산도 영혼을 가지고 있다는 생각을 물활론이라고 했다. 특히 초기 문화에서 영혼이 깃든 자연에 대한 물활론적 신앙을 발견할 수 있다. 오늘날까지도, 특히 북미, 아프리카, 시베리아 무속신앙에서도 이 물활론적 관념이 내포되어 있다. 그러나 신화 속에 드러나는 흔적들은 물활론이 일찍이 널리 퍼져 있었음을 보여준다. 많은 연구가들은 모든 문화들이 처음에는 물활론적 생각들과 결부되어 있었다는 것을 전제로 하고 있다.

님프들, 샘물의 여신들, 성스러운 장소들

그리스 신화에서 님프들은 오래된 물활론적 생각들을 분명히 보여준다. 님프들은 도처에 산다. 그들이 살고 있는 곳은 자연의 손길이 닿지 않은 신비로운 곳처럼 보인다. 가령 그들은 졸졸 흐르는 시냇물 속에, 나뭇잎이 살랑거리는 숲 속에, 나무에, 산 위에, 우물가에, 특별한 식물들 속에 산다. 물의 요정 나이아스, 나무의 요정 드리아스, 산의 요정 오레아스 등이 대표적이다. 그들의 삶은 사는 곳과 밀접한 관계가 있다. 특히 드리아스는 유한한 존재임을 알 수 있다. 그들은 나무와 함께 생성되고 사라진다.

일반적으로 님프들은 아름다움과 우아함으로 아주 인기가 있음에도 불구하고 인간이나 신과의 접촉을 피한다. 그들은 몇몇의 외부인들과만 접촉을 한다. 그러나 그것도 그들에게 끔찍한 사태를 불러 올 수 있다. 다프니스는 님프 에케나이스를 떠났을 때 그의 시력을 잃는다.

빛과 색
그리스인들은 색이란 빛의 굴절이라는 것을 알고 있었다. 그들은 무지개 여신 이리스가 빛으로 여러 색깔을 반영하는 이슬방울로 된 옷을 입고 있다는 이야기를 전하고 있다.

켈트족으로부터
분수에 동전을 던지는 풍습은 강과 샘물의 신들에게 켈트족이 제물을 던지던 데서 유래한다.

장소의 영적인 영향력

켈트족의 경우도 특정한 장소, 강, 샘, 산들을 수호해주는 정령들과 신들인, 이른바 장소의 혼(genius loci)이 중요한 역할을 한다. 프랑스 보게센(Vogesen) 산맥은 산신 보게수스(Vogesus) 이름을, 프랑스 마른(Marne) 강은 어머니신 마트로나(Matrona) 이름을 따 온 것이다. 손(Saone) 강의 여신은 소본나(Souvonna),

센(Seine) 강의 여신은 세콰나(Sequanna), 세번(Severn) 강의 여신은 사브리나(Sabrina), 보인(Boyne)강의 여신은 보안(Boann)이다. 특히 강의 발원지에는 많은 제물들이 발견되었다. 대부분은 무기류와 보석이었다. 그러나 성모 마리아 순례지에서 여전히 볼 수 있는 아픈 다리나 팔 혹은 장기들의 형태를 하고 있는 봉납물들도 있었다. 어떤 샘의 물은 특별히 치유력을 가지고 있다고 여겼기 때문이다. 많은 경우에 있어 그곳은 오늘날 온천(bath)이라고 부르는 물의 여신 술리스의 이름을 딴, 'Aquae Sulis'와 같은 곳이기도 했다. 여기에서 로마 정복자들은 즐겨 휴식을 취했다. 선택된 장소들 속에 신이 현존했다는 이러한 믿음은 켈트족의 종교의식이 사원이 아니라 바로 이러한 장소에서 개최되는 결과를 낳았다. 신들이 그 당시에 인간으로 여겨졌던 것은 아니다. 기원전 300년경 켈트인들은 신들의 조각상을 인간과 유사하게 만드는 로마인들의 습성에 대해서 비웃었다. 그러나 후에 그들도 신들을 의인화하기 시작했다.

메아리가 생긴 까닭

산의 요정 에코는 정말 수다스러운 소녀였다. 그녀는 헤라에게 계속 말을 걸어 제우스의 애정행각이 발각되지 않도록 하다가 헤라에게 벌을 받는다. 앞으로 에코는 다른 사람의 말만을 반복하고 그 밖에 아무 말도 못하게 된다. 불행히도 에코는 자기 자신과 사랑에 빠진 미소년 나르시스를 사랑하게 되지만 그는 그녀를 전혀 알아보지도 못하며 그녀에게 말을 건네지도 않는다. 에코는 자신의 안타까운 마음을 전할 수도 없고 결국 거절당하자 상심한 나머지 야위어 가다가 마침내 목소리만 남아 메아리가 되었다고 한다.

또 다른 전설에 의하면 목신 판이 아름다운 님프와 사랑에 빠졌는데 그녀가 그것을 거절하자 성난 판이 양치기들을 시켜 그녀를 갈가리 찢게 하였는데, 그녀의 비탄의 소리만이 남아 메아리가 되었다고 한다.

영혼의 중심지

켈트인들은 땅의 중심을 성스러운 장소로 여겼다. 여기가 그들에게는 힘의 중심지였고 영혼의 본거지였다. 한 때 스톤헨지(Stonehenge)가 땅의 중심이라고 여겨지기도 했던 것 같다. 후에 한 나라의 영혼에 대한 이야기에서 주권

게르만 신화에 따르면 아스그라드는 신들의 주거지다.

을 상징하는 나라의 여신(Sovereignty)이 생겨났다.

영원한 로마—복사된 삶의 스타일을 가지고 있는 강대국

기원전 2세기 로마는 정치적으로나 군사적으로 강대국이었지만 문화적으로는 기껏해야 세 번째였다. 정복된 나라들 중에서 우세한 문화, 특히 그리스의 문화가 열광적으로 수용되었다. 사람들은 자신들의 신을 그리스에서 가져 온 매력적인 형상들에 동화시켰으며 결국 그들을 그리스 신화와 연결시켰다. 시대전환기 쯤에야 비로소 제국을 가진 고유한 로마문화가 생성되었다.

그리스(나중에는 이집트)에 대한 모든 큰 감흥에도 불구하고 로마인들은 문학적인 것과 정치적인 종교 사이를 구분할 줄 알았다. 작가들이나 희극작가들이 그리스 신화를 로마이야기로 다시 쓸 경우 그것은 종교적 진실로 여겨지지가 않았다. 이미 고대 학자들은 로마 신들이 그들과 짝을 이루고 있는 그리스 신들보다 더 진지하고 위엄 있다는 것을 늘 확신하고 있다.

종교는 로마에서 매우 정형화되어 있었다. 로마인들은 제식과 제물을 엄격하게 수행해야만 신들의 호의를 보장 받을 수 있다고 믿었다. 개인적으로 집에도 제단을 만들어 매일 조상들의 정령 라레스와 가정의 수호신 페나테스에게 제물을 받쳤으며 공적인 삶과 정치에서도 이와 마찬가지였다. 그리스인들은 악천후가 그들을 괴롭히면 제우스가 헤라와 싸우고 있다고 믿었던 것 같다. 반대로 로마인들은 체계적으로 왜 제우스가 그들에게 화를 내고 있는 지를 암시하고 있는 날씨, 새들이 날아가는 모습, 제물로 받친 동물들의 장기를 통해 연구했다.

기원전 509년은 전설적인 도시 건립일(기원전 753) 이후 로마 역사에 두 번째 기준점이다. 그때까지 도시는 에트루리아인 여왕이 다스리고 있었다. 브루투스의 통솔로 로마인들은 폭군인 마지막 왕 타르퀴니우스 수페르부스(Tarquinius Superbus)를 몰아내고 공화정을 발전시켰다. 농민적인 성격을 띠고 있던 로마인들은 내적인 충만감에 대한 소박한 믿음과 더불어 에트루리아인들로부터 많은 종교적 요소들을 넘겨받았다. 형식주의, 신탁에 대한 믿음, 신들의 의인화, 후에 검투사들의 결투로 발전하게 된 높은 지위의 죽은 자를 위한 유혈 시체놀이 등이다.

공화정의 건립으로 사적인 종교 제식이 공적이고 정치적인 성격을 가지게 되었다. 아우구스투스(기원전 63-기원후 14)황제는 그 핵심에 황제 자신이 있는 국가 제의를 도입했다. 그의 후견 하에 리비우스(기원전 59-기원후 17, 로마건국 이래로와 베르질리우스(기원전 70-기원후 19, 아이네이아스)는 그들에게 빵을 주는 황제를 위대한 역사의 합법적인 상속자로 입증하는 수많은 비꿈을 곁들여 로마건국신화를 저술했다.

많은 로마인들이 개인적으로 미트라(Mithras)신, 이시스(Isis)신, 퀴벨레(Kybele)신을 모시는 것도 그들이 국가 제의와 황제에게 충성스럽기만 하다면 허용되었다. 많은 황제들이 사적으로 그것에 대해서 어떻게 생각했는지는 실용주의적인 베스파시안

(Vespasian)이 임종 때 한 말에서 분명하게 드러난다. "아, 이제 나는 신이 되는구나."

로마인들의 유명한 민속축제에서는 대개 식물 신들이 주제가 되었다. 겨울이 시작될 무렵 사투른 신의 제사(Saturnalien)

아우구스투스는 고대 강대국 최초의 황제다.

는 자유분방한 축제였으며 모든 역할을 바꾸었다. 이날은 주인들이 노예의 시중을 들었으며 부모들이 아이들 시중을 들었다. 3월에 있는 리베르(Liber)신 축제에서는 어린아이들이 성인 옷을 받았다. 루페르쿠스 축제 때는 벌거벗은 제사장이 제물로 받쳐진 개와 숫염소의 피 묻은 털로 모든 여인들을 쳤다. 그것이 결실과 순산을 도와주었다고 한다.

고대의 오락프로그램

　물활론, 즉 영혼이 깃든 자연에 대한 믿음이 어떻게 바뀔 수 있었는지는 고대신화 후기에 나오는 수많은 님프들의 이야기에서 볼 수 있다. 무엇보다 오비드(기원전 43-기원후 8)의 작품 메타모르포즈(Metamorphose)에 나오는 이야기들이 유명하다. 여인인 자연의 정령들에 관한 이야기는 늘 비슷하다. 한 신이 아름다운 한 요정을 탐낸다. 요정은 그에게서 달아나고 변신을 한다. 그리스 신화에 나오는 님프 시링크스(Syrinx) 이야기가 그 한 예다. 물활론에 따르면 갈대도 영혼을 가지고 있어야만 했다. 그것으로 피리를 만들어 아름다운 소리로 누군가를 유혹할 수 있었다고 한다. 시링크스 요정은 판 신의 추적으로부터 도망을 가다가 라돈 강가에서 갈대로 변해버린다. 판은 갈대를 잘라 그것으로 최초의 판(Pan) 피리를 만들어 노래를 연주한다. 이러한 이야기들은 종교적인 것과는 아무런 관련이 없었다. 그것들은 단지 오락 문학이었을 뿐이다.

누구도 인디언 추장 시애틀(Seattle)이 미국 대통령에게 보낸 유명한 편지에서처럼 물활론을 잘 묘사할 수는 없을 것이다. '우리는 우리 핏줄 속에 피가 흐르고 있음을 알듯이, 나무에는 수액이 흐르고 있음을 압니다.

우리는 대지의 일부이며, 대지는 우리의 일부입니다. 향기 나는 꽃들은 우리의 자매입니다. 곰, 사슴, 독수리, 그들은 우리의 형제입니다. 돌산의 꼭대기, 초원의 이슬, 조랑말의 체온 그리고 사람. 그들은 모두 한 가족입니다. 반짝거리며 흐르는 시냇물이나 강물은 그저 물이 아니라 우리 조상의 피 입니다. 만일 우리가 당신들에게 이 땅을 팔거든 당신들은 그것이 신성한 것임을 기억해야 합니다. 맑은 호수에 비치는 희미한 물그림자는 나의 동족이 겪었던 사건이나 추억을 말해 줍니다. 졸졸 흐르는 시냇물 소리는 나의 아버지의, 아버지의 음성입니다.'

2. 환하게 빛나고 있는 신−태양신화

어느 날 태양신 헬리오스의 아들 파에톤(Phaeton)은 아버지에게 소원을 들어 달라고 간청한다. 아들이 하루 동안 네 마리의 말이 끄는 금빛 태양마차를 타게 해달라고 했을 때, 헬리오스는 이 모험이 어떻게 끝날지를 알면서도 허락해 줄 수밖에 없다. 페이톤은 말들을 제어할 수가 없게 된다. 페이톤은 길을 잃고 땅 가까이에 이르게 된다. 궤도를 벗어난 태양 마차 때문에 지상은 온통 불바다가 된다. 리비아에는 사막이 생기고 에티오피아인들은 피부가 검게 타버리고 나일강은 물이 말라버렸다. 계속되는 재앙을 막기 위해 제우스가 개입하게 된다. 제우스는 마침내 번개를 던져 태양마차를 세우고 파에톤을 죽이게 된다.

태양마차 여행

그리스 예술품을 통해서 우리는 포이보스(Phoibos)라고도 알려졌으며 후에 아폴론과 동일시되는 태양신 헬리오스가 그의 황금마차를 타고 하늘위로 지나다닌 것을 알 수 있다. 그가 매일아침 여행을 시작하는 출발지인 그의 궁전은 에티오피아에 있다. 그는 저녁이면 바다 속으로 가라앉아 밤새 황금 보트를 타고 돌아온다. 태양마차는 신화 속에 자주 등장하는 소재다. 게르만족의 태양신 솔(Sol)도 그렇게 여행을 떠난다.

> **✴ 아는 척하기**
>
> 파에톤(Phaeton)
> 파에톤 이야기가 잊혀 지지 않고 있다는 것은 같은 이름을 가지고 있는 폭스바겐 자동차를 보면 알 수 있다. 물론 신화와는 달리 이 차는 그렇게 위험하지 않을 것이다. 한 유성의 이름과 오래된 한 2인승 남성마차도 그와 같은 이름을 가지고 있다.

레―신도 늙는다

이집트의 레는 세 개의 돛대가 달린 황금 배를 타고 다닌다. 예술 작품 속에서는 이 장면이 벌거벗은 채 길게 뻗은 여신 누트의 몸으로 그려져 있다. 그녀는 누워있는 땅의 신 게브 위에 활처럼 휘어져서 아치형을 이루고 있다. 이집트인들은 누트가 태양신 라를 매일아침 탄생시키면 라는 배를 타고 그녀 몸의 아래쪽을 항해하고 저녁이 되면 누트가 다시 그를 삼킨다고 믿었다. 논리적으로 보면 그는 출발점인 그녀 몸 안으로 되돌아와야만 했던 것이다. 그는 매일 밤배를 타고 명계를 지나가는 위험한 여행을 감행해야만 한다. 그의 밤 여행에 대한 많은 이야기들이 전해져 오고 있다. 매 시간마다 하나의 다른 위험이 그를 기다리고 있다. 가장 위험한 적은 뱀 아포피스(Apophis)이다. 매일아침 누트의 허벅지 사이에서 빛을 발하기 위해 레가 밤의 위험들을 모두 이겨낼 수 있었다고 하는 것은 이집트인들에게 하나의 기적과 같은 일이었다. 고대 왕국에서 레는 왕국의 신이었다. 중기 왕국과 신 왕국에서 그는 테벤 지역신으로 아문-레와 동일시된다. 그 외에도 그는 많은 이름들을 가지고 있다. 그는 아침태양 케프레(Chepre), 정오태양 하라크테(Harachte), 태양의 원반 아톤(Aton)으로서, 아툼(Atum)이라고 불렸다. 파라오는 그의 아들이거나 혹은 매의 모습을 한 태양신 호루스(Horus)로 여겨졌었다.

태양신은 잉카문명과 아스텍문명에서도 이와 비슷하게 특별한 위치를 차지하고 있었던 것 같다. 모든 이러한 태양신 문화 속에서는 하늘과 연결하기 위한 거대한 피라미드들이 세워졌다. 미국문화에서는 태양을 지키기 위해서 인간들을 제물로 받쳤다. 후에 이집트에서는 이러한 절대적인 태양 숭배가 어느 정도 사라져야만 했다. 투탕카멘 무덤(Tutankhamun's tomb)에서 처음으로 대두된 한 신화는 태양신이 늙었으며 인간들이 그에 대하여 모반을 일으켰다고 전한다. 그래서 레는 그의 눈이 형상화되어 있는 하토르 여신, 즉 그의 눈을 뽑아 버린다. 그녀는 사자의 여신 세크메트(Sekhmet)로 변해 인간들에게 살육을 자행하

이집트 신화는 상형문자로 전해지고 있다.

게 되고 레는 이 일로 마음이 상한다. 남은 인간들을 구하기 위해서 그는 헬리오폴리스(Heliopolis)의 사제들에게 7000 개의 맥주통을 만들어 붉게 물들이고 흔들어 올 것을 명령한다. 세크메트는 이것을 인간의 피로 여겨 모두 마시고 술에 취해서 다시 아름다운 하토르로 되돌아온다. 그러나 고통과 죽음은 세상 속에 남아있다. 그는 더 이상 자신이 만든 창조물들이 마음에 들지 않았다. 그는 무엇보다도 다시 원시바다로 되돌아갔으면 싶었다. 원시바다는 슈(Schu)와 누트(Nut)에게 레를 수호하라고 명령한다. 누트는 그를 하늘로 데려오고 레는 그곳에서 다시 창의적인 활동을 시작할 수 있게 된다. 그는 창공을 정리하면서 별들을 만든다. 이제 그는 매일 하늘 위를 거닌다. 그리고 인간들이 밤에 무서워하지 않도록 하기 위해서 레는 달의 신 토트(Thot)를 자신의 대리자로 임명했다. 토트는 이집트 신들이 싸우면 항상 중재자 역할을 하는 매우

친절한 동료이다. 그런데 레는 세상에 대한 지배권을 후에 그의 증손자 오시리스(Osiris)에게 넘겨준다.   .

예민한 여신, 아마테라수(Amaterasu)

일본에서도 태양의 여신 아마테라수가 최고의 여신으로 여겨졌었다. 그녀는 어느 날 자신의 형제인 난폭한 폭풍의 신 수사노(Susano)를 피해 동굴 속으로 도망을 갔다. 그러자 땅 위에는 짙은 어둠이 지배하고 논은 경작되지 않게 되고 모든 종류의 참사들이 일어났다. 그래서 팔백 명의 수많은 신들이 모여서 아마테라수를 다시 데려올 방도를 상의했다. 결국 그들은 동굴 앞에 마법의 거울을 만들어 놓았다. 새벽의 여신이 통 위로 올라가 요염한 춤을 추기 시작했다. 이 때 그녀가 가슴과 생식기를 노출시키자 다른 신들이 웃기 시작한다. 그것이 아마테라수를 동굴 밖으로 나오도록 유혹했다. 그녀는 이 행사가 무슨 의미냐고 물었다고 한다.

새벽신 에오스는 매일 아침 멋진 마차를 타고 떠난다.

"우리는 당신보다 더 힘 있는 신을 발견했기 때문에 웃는다."라고 새벽의 여신이 대답하면서 거울을 가리켰다. 아마테라수가 호기심으로 더 가까이 다가가자 다른 신들 중의 몇몇이 빨리 그녀 뒤에 있는 동굴을 막아버렸다. 수사노는 하늘에서 추방당했다.

✺ 아는 척하기

자매 선발대

그리스 태양신 헬리오스는 두 명의 자매가 있었다. 달의 여신 셀레네(Selene)와 새벽의 여신 에오스(Eos). 에오스는 매일 아침 그를 앞서 갔다. 에오스는 희롱을 즐겨 했으며 많은 연인들이 있었다. 특히 그녀는 아침 일찍 사냥을 떠나는 오리온(Orion)과 같은 사냥꾼을 좋아했다. 에오스는 트로이의 왕 티토노스(Tithonos)와의 사이에서 에티오피아의 왕 멤논(Memnon)을 낳는다. 그는 아킬레우스의 손에 죽었다. 어머니 에오스는 그가 죽은 이후로 자주 많은 눈물을 흘렸고 그 눈물은 아침이슬이 되었다.

열 명의 아들이 열 개의 태양이다

중국인들은 태고 적에 열 명의 아들이 있었다고 한다. 그들은 하늘의 신 제준과 여신 희화의 아들들이다. 매일 아침 희화는 아들중 하나인 태양을 수레에 태운 채 하루 동안 태양을 이끌고 하늘을 날아 다녔다. 같은 일을 반복하던 태양들은 싫증을 내게 되었다. 어느 날 그들은 모두 함께 하늘로 올라가서는 되돌아 올 채비를 하지 않았다. 하늘신의 위협도 도움이 되지 않고 땅은 점점 더 바싹 말라가자 제준은 말을 듣지 않는 아들들에게 겁만 주라고 하며 활을 잘 쏘는 예를 땅으로 보냈다. 그러나 예가 막상 인간세상으로 내려와 인간들의 고통이 너무나 비참한 것을 보자 화가 나서 화살 하나를 뽑아 첫 번째 태양을 쏘아 하늘에서 떨어뜨린다. 다른 태양들이 여전이 떠날 채비를 하지 않자 예는 계속해서 여덟 개의 태양을 떨어뜨린다. 이런 식으로 한명만 빼고 모든 아들들을 잃게 된 하늘신은 이 해결책에 화가 나서 예를 평범한 인간으로 땅위에 살게 만들었다.

인도와 오세아니아의 많은 신화들 속에서는 이와 반대로 태양이 신이 아니며, 가장 높은 신에 의해서 하늘에 자리를 잡고 빛을 발하는 공에 불과하다. 폴리네시아의 마우이(Maui)와 같은 영웅들은 줄로 태양을 잡을 수도 있다. 알래스카에 있는 틀링깃족 신화에 보면 인간들은 처음에 한 영웅이 태양, 달, 별을 어두운 상자 속에서 풀어 줄 때가지 완벽한 어둠 속에서 살았다.

3. 밤의 파수꾼 - 달과 별

달에 대한 신화들은 여러 가지 단계를 이야기해야만 한다. 그리스 이야기에 따르면 헬리오스가 저녁마다 이글거리는 마차를 타고 바다 속으로 가라앉을 때면, 그의 누이 셀레네(Selene)가 물에서 나와 두 마리의 하얀 우유 빛 말이 끄는 마차를 타고 밤길을 돌아다녔다고 한다. 그리스인들은 또한 셀레나가 가끔 그녀의 연인인 엔디미온(Endymion)을 방문했을 것이며 그래서 종종 하늘에서 보이지가 않았다고 전하기도 한다.

태양과 달의 혼인

달은 많은 신화 속에서 태양신의 누이(또는 부인)로 간주된다. 별들은 자주 그 둘의 아이로 여겨진다. 몇몇의 인디언 신화들은 태양인 아버지가 그의 아이들을 잡아먹으려고 해서 어머니인 달과 별들이 늘 그로부터 도망 다녀야 했다는 이야기를 전하고 있다. 이런 상황이 슬프고 괴로운 달은 항상 태양의 얼굴을 가렸다고 한다.

별들도 편하지는 않다

게르만족들은 태양 여신과 달의 신 마그니(Magni)가 무서운 늑대들에게 쫓겨 다녀야만 했을 것이라는 이야기를 소개하고 있다. 그런데 늑대는 태양이 너무 뜨거워서 삼킬 수가 없었고 마그니는 조금씩 물어뜯을 수 있었다. 다행히도 달은 다시 자라난다.(신들의 황혼기가 도래했을 때 늑대들은 둘을 완전히 삼켜버릴 수 있었을 것이다. 그러나 솔(Sol)은 그 이전에 새로운 시대 속에서 환하게 비치게 될 딸 하나를 세상으로 보낸다.) 어떤 아스텍 신화에 따르면 세상을 비추기 위해서 두 명의 신이 제물로 받쳐지게 되었다고 한다. 첫 번째로 선택된 자는 무서워서 뒤로 물러난다. 그러나 또 다른 한 명이 용감하게 불길 속으로 들어가자 그도 뒤따라 들어간다. 그는 이전에 잘난척하였으므로 불빛이 더 약하고 다른 동료만큼 지속적으로 빛이 나지 않았다.

발트인들의 한 신화에 따르면 악마가 방해받지 않고 행패를 부

옛날에 악마가 달을 검게 색칠했다고 한다.

리기 위해서 달을 검은 색으로 칠하게 했다고 한다. 그런데 그의 조수가 뒤쪽을 막 마치려고 할 무렵 하늘 신이 그곳으로 왔다. 그는 사다리를 부셨고, 타르통을 가지고 있던 악마의 조수는 달 위에 달라붙어 버렸다.

인도 신화를 보면 달은 오래전에 신 다크샤(Daksha)의 딸인 27개의 별자리를 아내로 맞았다. 그런데 그는 로오히니(알데바란, Aldebaran)만을 사랑했다. 그래서 다른 딸들은 아버지 다크샤에게 불만을 토로했고 그는 달에게 다른 모든 부인들에게도 관심을 가지라고 여러 번 경고했다. 달이 항상 공허한 약속만을 하자 다크샤는 사위를 저주해서 가슴앓이 병으로 죽도록 언도했다. 그러자 다른 신들이 개입하게 된다. 다크샤는 달에게 그의 딸들이 더 이상 불평할 이유가 없어지게 되는 것을 전제로 한다면 15일 이후에 신성한 강에서 목욕을 함으로써 병이 나을 수 있는 기회를 주겠다고 선언했다.

토고 신화는 이와 달리 태양도 옛날에 아이들이 있었을 것이라고 주장한다. 그런데 태양과 달은 서로서로 하나가 되어 그들의 아이들을 계속해서 살해하고 그들의 살을 서로에게 선물로 준다. 태양은 그녀의 아이 별들 중 하나를 죽여서 그 살을 달에게 보냈다. 그런데 달은 그것을 먹지 않고 한 번 더 끓여서 태양에게 맛을 보라고 가져다주었다. 태양의 자식들이 없어질 때까지 그들은 계속 그와 같은 일을 했다. 그러나 달이 그를 속이고 있다는 것을 안 태양은 화가 나서 그를 잡으려고 했다. 그 이후로 달과 별은 도망을 다니게 된다.

종종 사람들은 해뜨기 전에 비너스와 주피터가 나란히 옆에 있는 것을 본다. 블랙풋족(Blackfoot-Indianer)에게 그것은 샛별과 그의 아들이다. 그들은 다음과 같이 이야기한다. 한 소녀가 품 속에 누워 샛별이 그녀 옆에 누워있는 꿈을 꾸었다. 얼마 후 그녀는 자신이 임신한 것을 알게 되었다. 샛별이 나타나 그녀를 하늘로 데려갈 때 까지 모든 사람들이 그녀를 조롱했다. 그녀는 눈을 감은 채 거미집 줄을 타고 올라가야만 했다. 샛별과 소녀는 아들을 낳았다. 그런데 어느 날 그녀는 금지되어 있음에도 불구하고 뿌리 하나를 캤다. 그래서 하늘에 하나의 구멍, 북극성이 생겼고 그녀는 저 아래 부모님들이 살고 있는 곳을 볼 수 있었다. 그녀는 향수병에 걸려서 땅으로 되돌아가게 해달라고 간청했다. 그러나 그곳에서 그녀는 잘 지내지 못했다. 그녀의 부모님은 곧 돌아가셨고 어린 아들은 얼굴 위에 난 상처 때문에 놀림을 받았다. 이아들이 자라서 추장의 딸과 사랑에 빠지게 되지만 그녀는 우선 그의 상처가 없어져야만 한다고 말했다. 한 나이 많은 여자의사가 그에게 이 상처는 태양신으로부터 물려받은 것이라고 말해주었다. 그는 길을 떠나 큰 위험들을 겪으면서 아버지 태양에게 갔다. 그는 그곳에서 극진히 대접받았다. 블랙풋족에게 태양 춤의 비밀을 가르쳐주게 하기 위해 얼마 후 할아버지가 그를 땅으로 다시 데려다 주었다. 그 이전에 그의 상처는 제거 되었으며 샛별은 그의 아들에게 사랑하는 이의 마음을 뺏을 수 있는 마술피리 하나를 주었다. 아들은 임무를 수행한 후에 추장의 딸과 함께 하늘로 되돌아 왔다.

플레이아데스성단과 별들―지상의 영웅들

별들은 많은 신화 속에서 하늘로 옮겨진 지상의 영웅들이다. 모든 민족들은 물론 그들만의 고유한 이야기를 가지고 있다. 그러나 많은 것들이 놀랍게도 유사하다. 그리스 이야기에 따르면 플레이아데스성단은 거친 사냥꾼 오리온의 추적으로부터 구하기 위해서 제우스가 하늘로 옮겨놓은 아틀라스(Atlas)의 일곱 명의 딸들이다.(그러나 제우스도 그들 중 세 명과 관계를 맺었으며 포세이돈, 아레스, 시지프스도 다른 딸들과 관련이 있다.)

오스트레일리아 원주민 신화에서도 플레이아데스성단은 음탕

한 존재 뉘루(Nyiru)를 피해 도망 다니던 일곱 명의 딸들이다. 그들은 포트오거스타(Port Augusta)까지 도망을 치게 된다. 그곳에서 그들은 바다 속으로 빠졌다. 그러나 물이 너무 차서 그들은 별이 되어 하늘 위로 올라갔다. 뉘루는 오리온 별자리로 여겨진다.

캘리포니아 인디언들의 경우도 자매들이 그들의 공동 남편으로부터 도망을 가서 플레이아데스성단이 되었다.

그 외에도 플레이아데스성단은 모든 고대 문화들 속에서 하나의 중요한 기준별이다. 그들을 하늘에서 전혀 볼 수 없는 시기, 태양이 지고 얼마 후 떠오르는 시기, 아침에 볼 수 있는 시기가 있다. 플레이아데스성단이 떠오르고 사라지는 것은 우기의 시작이나 파종기와 같은 중요한 시점을 알려주는 역할을 했다.

하늘에 있는 영웅들
쌍둥이 별자리는 그리스 신화에 따르면 카스토르(Kastor)와 폴룩스(Pollux)이다. 처녀자리는 이삭을 들고 있는 데메테르 여신이고, 사수자리는 반인반마 케이론(Chiron)이고, 물병자리는 대홍수속에 살아남았던 데우칼리온(Deukalion)이다.

켈트족—글에 대한 불신과 함께하는 유럽 문명

켈트족의 신들과 신화에 대한 최초의 보고들은 카이사르(기원전 100-44)의 갈리아 전기에서 시작된다. 물론 카이사르는 학자이기 보다 로마인이다. 그는 갈리아 종족의 신들을 로마인들처럼 하나의 모든 신을 의미하는 판테온 안으로 밀어 넣고 그들을 로마의 신들과 일치시키고자 했다. 그러므로 그가 흑해에서 갈리시아와 아일랜드에 이르는 켈트족의 신앙세계를 정당하게 평가한 것은 아니다.

켈트족의 원전들은 웨일즈 전설집 마비노기온(Mabinogion)이나 아일랜드 전설처럼 적어도 중세로 거슬러간다. "왜냐하면 드루이드들은 그들의 종교가 그들에게 그들의 가르침을 문자로 표현하는 것을 금지한다고 믿었기 때문이다." 카이사르는 이렇게 말하고 있다. 모두 합쳐서 생각해보면 얼핏 보이기도 하지만 그것이 결코 켈트족의 신과 신화세계의 완벽한 모습은 아니다.

켈트족의 수많은 지역신이나 자연신들은 400명의 유명한 신들의 이름으로부터 유래한다. 그러나 그들의 숭배가 계속해서 확산되었던 몇몇 스타들도 있다. 무엇보다 아일랜드에서는 루(Lugh), 웨일즈에서는 류(Lleu)라고 불렸던 루구스(Lugus)신이 이에 속한다. 카이사르는 그를 메르쿠리우스와 동일시했다. 그는 아마도 태양신이었을 것이다. 루구스의 표시는 창이나 긴 팔이었다. 그것은 태양광선내지는 다산의 능력이 있는 음경을 상징하는 것일 수도 있다. 리옹(Lyon), 랑(Laon), 레이덴(Leiden), 리그니츠(Liegnitz)와 같은 지역이름들은 루구스에서 유래한다. 좋은 신 내지는 '위대한 지혜를 가진 힘센 존재'인 다그다(Dagdha)는 왕의 형상이다. 그는 사람을 죽일 수도 있고 죽은 사람을 다시 살릴 수도 있는 힘을 가진 커다란 몽둥이를 갖고 있었다. 다그다와 루구스는 대지의 근원이면서 동시에 풍성함을 보증하는 그들의 위대한 어머니(The Great Mother)와 하나가 됨으로써 통치권을 가지게 될 것을 기대한다.

이 위대한 어머니는 땅과 전쟁의 여신이다. 그녀는 예언자, 전사, 어머니 여신과 같은 그녀의 다양한 측면들이 그려지는 트리아데(Triade)로 즐겨 묘사된다. 사람들은 마법적인 숫자 3이 묘사되는 자의 힘을 강하게 한다고 믿었다. 이 위대한 어머니는 많은 이름들로 잘 알려져 있다. 바이브(Bodhbh), 다누(Danu), 마하(Macha), 메이브(Maeve), 모드론(Modron), 리아논(Rhiannon)….

위대한 어머니 여신과 더불어 각 나라는 그들만의 고유한 최고 여신이 있다. 학자들은 그들을 대개 소번티(Sovereignty, 절대권)라고 불렀다. 지상의 소번티 여신 브리이드(Brighid)는 유명해져서 그리스도교화 이후에 성 브라이드(St. Bride)가 되었다고 한다. 그 외에도 우레의 신 타라니스(Taranis), 태양신 벨레누스(Belenus), 말의 여신 에포나(Epona)가 사람들에게 사랑받았다. 심지어 로마인들은 그들을 경배했다.

종교적인 권위자들은 드루이드들이었다. 그들은 세 계급으로 나누어진다. 가장 높은 계급은 제사장이다. 그 다음은 예언가와 시인이다. 그들의 교육기간은 7년에서 12년 걸리며 비밀스러운 곳에서 이루어진다. 드루이드는 켈트족 세계에서 개개 종족들 위에 존재하는 유일한 권위자들이다. 그래서 그들은 종종 분쟁을 중재하기 위해 불려가기도 했다.

아일랜드 영웅전설 속에는 켈트족의 제관, 드루이드 사제들이 살고 있다.

켈트족 세계에서 가장 중요한 축제는 양과 암소의 수유기인 2월 1일에 열리는 임볼릭(Imbolc)이다. 5월 1일에는 열광적인 의식과 함께하는 풍요의 축제 벨타나(Beltane), 8월 1일에는 수확의 계절을 알리는 루나사(Lughnasad), 11월 1일에는 죽음의 신을 찬양하는 삼하인(Samhain)이 열렸다. 삼하인 하루 전날 밤 다른 세계로 가는 문이 열리고 죽은 영혼들이 떠돌아다닐 수 있게 된다고 사람들은 믿었다. 5월 1일 전날 밤인 발푸르기스의 밤이나 10월 31일 할로윈은 바로 여기에서 유래한다.

4. 사라진 신-사계절의 탄생

곡물의 어머니라고도 불렸던 풍요의 신 데메테르에게는 아름다운 딸이 하나 있었다. 명부세계의 지배자인 하데스는 더 이상 지하 속에 혼자 살고 싶지 않아서 페르세포네(Persephone)를 몰래 데려갔다. 물론 이전에 그의 형제 제우스에게 허락을 구하지 않았던 것은 아니다. 데메테르는 태양신 헬리오스가 그녀의 딸에게 일어난 일을 알려줄 때까지 슬퍼하며 땅위를 떠돌아 다녔다. 슬픔과 분노 속에서 데메테르는 모든 행동을 다 취한다. 기원전 7세기의 한 찬가에 따르면 '인간들에게 일 년이 주어졌는데 많은 것들이 자라던 세상에 아무것도 없는 매우 비참하고 괴로운 해였다. 땅에는 씨가 싹이 트지 않았다. 마음이 몹시 상한 데메테르가 땅을 황폐하게 만들었던 것이다. 소들이 경작지 위에 쟁기를 끌고 다닐 필요도 없었고 쓸모없는 하얀 낟알이 땅에 떨어졌다. 그녀는 인간들을 끔찍한 기아로 모두 없애 버리려고 했던 것 같다' 고 전해진다.

분리된 삶

제우스는 하데스에게 굴복하고 데메테르의 딸을 돌려주라고 한다. 그런데 하데스는 페르세포네에게 석류알을 먹으라고 주었었다. 명부세계에 있는 것을 한 번 먹게 되면 영원히 그곳에 머물

러야만 했다. 그러나 제우스는 페르세포네가 일 년 중 3분의 2는
그녀의 어머니와 함께 지상에서 보내도록 해 주었으며, 나머지 4
달은 명부세계에서 그녀의 남편과 보내게 했다. 이 기간 동안 데
메테르는 매년 다시 슬픔에 잠긴다.

데메테르 숭배

데메테르와 페르세포네에 대
한 그리스인들의 이야기는 사계
절에 관한 가장 잘 알려진 신화
중 하나다. 데메테르는 올림포
스 신들이 중심인 수많은 지저
분한 이야기들 속에서 조연이지
만 사람들에게 가장 중요한 여
신 중의 하나이며 그녀를 숭배
하는 것은 널리 퍼져있었다. 가

데메테르는 딸을 잃은 것이 너무나 속상
해서 제우스가 양보할 때까지 지상위에
모든 것을 황폐화 시킨다.

장 유명한 것은 엘레우시스 비의(Eleusinian Mysteries)다. 모든
공적인 삶에서 제외되었던 여성들과 노예들을 포함한 모든 그리
스인들이 이 신전에 봉헌할 수 있었다. 그러나 어디에 정확하게
비의가 존재하고 있는지를 모른다. 비밀이 잘 지켜졌던 것이다.
벤 이삭 하나가 페르세포네의 상징으로 가운데 있었던 것 같다.

성경 속에 두무지

히브리 신화에서는 두무지를 담무스(Tammuz)라고 한다. 예언자 에제키엘(Ezechiel)은 구약성서에서 신이 현상으로 나타나 그의 주변을 배회하며 그에게 이스라엘에 자리 잡고 있는 낯선 숭배 제단들을 보여주었다고 말한다. "그러자 그는 나를 북쪽을 향해 있는 사원입구로 데려갔다. 그리고 그곳에 담무스를 애도하는 여인들이 앉아 있었다."

명부세계의 두무지(Dumuzi)

다른 신화에서는 어머니의 비애 때문에 사계절이 생긴 게 아니라 식물신이 명부세계로 사라져서 생겼다고 한다. 메소포타미아 신화에서 보면 두무지는 반년을 지하에서 보내야만 한다. 그렇지만 여기서 이것은 겨울을 의미하는 것이 아니다. 대신 두무지가 마침내 다시 나타나서 생명을 주는 물을 가져올 때 까지 열과 메마름이 자연을 황폐화 시킨다. 명부세계에 감금된 두무지는 특히 여성들에 의해서 행해지는 수많은 비탄 제식들의 중요한 테마가 된다.

그런데 왜 두무지가 명부세계에 살아야만 했을까? 그 이유는 그의 부인이며 풍요의 여신인 이난나 때문이다. 그녀는 어느 날 그녀의 자매 에레쉬키갈(Ereschkigal)이 다스리는 이 왕국을 정복하기 위해 명부세계로 내려갔다. 그러나 그녀는 7개의 문을 통과해야만 했고 결국 힘을 잃고 죽음에 이르게 되었다. 그러자 이제 땅 위에 더 이상 식물들이 자라지 않았으므로 엔키는 그녀를 다시 데려오려고 했다. 그러나 일곱 명의 명부세계 기사들은 그녀가 대신 있어 줄 사람을 정해 준 후에야 그녀를 풀어주었다. 이난나는 그녀가 없는 동안 우룩의 도시신인 척 했던 그녀의 남편을 선택했다. 그러나 가뭄을 반년으로 제한하기 위해서 그의 누이 게슈티난나(Geshtinnana)가 반년동안 그를 대신하게 되었다.

두무지가 명부세계에서 돌아오면 우룩에는 새로운 해가 시작되었다. 기쁨의 축제와 이난나와 두무지의 성스러운 결혼식이 열렸다. 아마도 그리스의 포도주 신 디오니소스는 두무지에서 나온 것 같다. 어쨌든 디오니소스는 후에야 비로소 그리스 판테온에 모셔졌으며 그와 부인 아리아드네(Ariadne)의 성스러운 결혼 제식이 마찬가지로 거행되었다.

그리스인들은 사라진 신에 대한 이야기도 알고 있었다. 그것은 아도니스 전설이다. 아도니스는 아프로디테의 젊고 아름다운 연인이다. 그는 수퇘지의 모습을 한 질투심 많은 전쟁신 아레스에 의해서 죽게 된다. 그런데 아프로디테의 간청으로 명부세계의 여신 페르세포네가 아도니스를 매년 6개월 동안 지상으로 보내 주었다. 아도니스 숭배는 아시아에서 온 것이다. 그곳에서는 위대한 어머니 키벨레가 젊은 아티스(Attis)를 연인으로 삼았던 이야기가 전해진다. 그가 다른 여인과 결혼하려고 했을 때 그녀는 그를 정신병과 죽음으로 몰고 갔다. 아도니스 숭배는 그리스에서 매우 사랑받았으며 풍성한 제식이 거행되었다.

5. 가라앉은 땅-전 세계에 걸친 홍수

1872년 영국의 아시리아학 학자 조지 스미스는 아주 놀랍게도 그가 번역한 니네베의 깨어진 설형문자 점토판위에 성경 이야기와 흡사한 대홍수 이야기가 있음을 확인했다. 이 서판은 기원전 7세기에 기록된 길가메시 서사시 중의 하나였다.

주사위모양의 보트

길가메시가 하늘에 있는 그의 조상 우트나피쉬팀(Utnapischtim)을 찾아갔을 때, 우스나피쉬팀은 길가메시에게 배를 짓고 그 배안에서 대홍수를 견뎌낸 이야기를 해 주었다. 마침내 물이 물러났을 때 그는 상황을 알아보기 위해 비둘기, 제비, 까마귀 한 마리를 내보냈다.(노아는 먼저 까마귀를, 그 다음에 기름 묻은 가지를 물고 돌아 온 비둘기를 보낸다.) 노아처럼 우트나피쉬팀도 배를 떠난 후에 신들에게 제물을 받친다. 신들은 달콤한 연기를 마시기 위해 몰려들었다. 물의 신 에아(Ea)는 가장 높은 신인 엔릴에게 화가 나더라도 인간을 앞으로는 더 이상 완전히 멸하지 말고, 야생 동물들,

기아, 전염병으로 벌을 주라고 요구한다. 엔릴은 스스로를 제어할 것을 약속하고 우트나피쉬팀을 영생하게 한다.

문제해결책으로서의 홍수

홍수는 메소포타미아 신화에서도 중요한 역할을 했다. 수메르의 왕들 명부에는 '대홍수 이전'의 신화에 나오는 왕들의 이름이 적혀있다. 홍수 이전에 인류를 멸망시킨 두 대홍수에 대해서 이야기하고 있는 두 개의 더 오래된 보고들이 있다.

아트라카시스(Atrachasis) 서사시에서는 1200년에 인류가 그들의 창조이후 아주 급격하게 많아져서 엔릴은 그들이 내는 소음으로 신경이 날카로워졌다고 전하고 있다. 그는 먼저 전염병을 일으키고 그 다음에는 가뭄을 두 번 일으킨다. 그러나 엔키(에아)가 그의 계획을 방해했다. 엔키는 현명한 왕 아트라카시스에게 그것에 대해서 알리고 그에게 대응방안을 제안한다. 그렇지만 엔릴은 홍수를 보내리라는 것에 대해서 침묵을 유지하도록 신들에게 강요한다. 엔키는 아트라카시스가 아니라 버드나무 오두막 벽과 이야기를 나눔으로써 그 금지된 비밀을 무시한다.

그의 충고로 왕은 커다란 배를 만들어 가족들과 많은 가축들과 함께 피난을 간다. 홍수는 7일 동안 계속 되었으며 그사이에 신들은 그들이 인간 없이 스스로 일해야만 함을 알게 된다. 그들은 일어난 일을 불평한다. 아트라카시스가 안전하게 해안에 당도했을 때 엔릴도 인간이 중요하다는 사실을 받아들이고 그들을 다시 새롭게 생성시킨다. 그들의 수를 제한하기 위해서 그는 임신 할 수 없는 여인들과 어린 아이를 죽이는 악마들을 만든다. 그 외에도 아이를 가지면 사형된다고 선서에 규정되어 있는 사원창녀들에 대한 카스트제도를 도입한다.

일부만이 남아있는 세 번째 이야기는 인간이 신들을 모욕했기 때문에 엔릴이 인간을 홍수로 벌했다고 전하고 있다. 그러나 엔키는 경건한 왕인 치우사드라(Ziusadra)에게 이를 경고해 준다. 여기에서도 마찬가지로 그의 오두막 벽을 통해서 경고한다. 7일 후에 태양신 우투(Utu)는 빛을 다시 돌려놓는다. 치우사드라는 제물을 받쳐 가장 높은 신인 안(An)과 엔릴을 달랜다. 그들은 그에게 신을 닮은 영원한 생명을 약속하고 인간에게 관개 시설 체제, 도시국가의 조직과 왕권과 같은 수메르 문명이 획득한 모든 것들을 가진 미래를 약속한다.

돌의 혈통

그리스의 경우 제우스가 내홍수를 일으킨디. 그는 프로메테우스의 범죄에 대해서 인간을 벌한다. 프로메테우스의 아들 데우칼리온(Deukalion)과 그의 아내 피라(Phyra)만이 배를 만들어 홍수에서 살아남는다. 그들이 9일 후 파르나수스 산의 정상에 상륙했을 때 신들은 인간들을 당연한 방식으로만 다시 소생시키고 싶지 않았다. 데우칼리온과 피라는 돌을 뒤로 던진다. 데우칼리온이 던진 돌은 남자가 되고 피라가 던진 돌은 여자가 된다.

대홍수 후 신들의 도움

거의 모든 다른 문화들 속에도 그러한 대홍수 신화가 있다. 중국에는 그러한 이야기가 네 개나 있다. 대홍수가 인간의 죄를 벌하려고 했던 것이 아니라는 점에서 이 이야기들은 다른 신화와 구분된다. 그 대신 영웅들이 세상을 어떻게 구했는가를 전하고 있다. 여와 여신이야기, 거대한 물고기 이야기, 선사시대 이상적인 세 왕 중 한명인 요 이야기가 있다. 요는 물을 다스리기 위해 수로를 팠는데 뱀과 용들을 몰아내야만 했다. 이 이야기들과 더불어 중국에는 가뭄 신화들도 있다. 상왕조 때 극심한 가뭄이 들자 전설적인 조상 성탕은 자신을 제물로 받친다. 갑자기 비가 심하게 퍼붓기 시작할 때 그는 성경에 나오는 이삭처럼 이미 화형장에 있었다.

대홍수 이후에 신들이 도움을 주었다는 소재는 안데스에서도 발견된다. 태양신은 인간에게 문명을 전하기 위해서 그의 아들 망꼬 까빡(Manco Capac)과 딸 마마 오끄요(Mama Ocllo)를 지상으로 보냈다. 성경에서도 신이 대재앙 이후에 노아와 결탁하고 인간을 절대로 멸망하게 하지 않으리라 약속한다. 동시에 그는 앞으로 인간들이 함께 살아가기 위해 필요한, 가령 인간을 살해하거나 피흘리는 짐승을 먹지 않도록 하는 등의 최초의 규칙들을 전해준다.

오스트레일리아의 원주민 애버리진(Aborigine) 신화를 보면 두 명의 자매가 땅 여기저기를 돌아다니고 있었다. 동생은 임신중이었다. 그녀가 아이를 낳을 때 언니는 물을 길어 오려고 했다. 그런데 그때 그녀의 월경피가 샘물에 흘러내려 갔다. 그것은 그곳에 살고 있던 뱀(Yurlunggur)을 화나게 만들었다. 뱀은 큰 홍수를 일으키고 그녀의 아들과 함께 두 자매를 삼켜버렸다. 홍수가 끝난 후 뱀은 네 명을 다시 토해냈다. 그들이 처음 내딛은 땅은 앞으로 종족의 젊은이들이 그들의 성년식을 하게 될 장소들이 되었다. 다른 이야기에 따르면 두 자매가 모르고 자신의 씨족 남자들과 잠을 잤기 때문에 화를 일으켰다고 한다.

고대 게르만족

　게르만 신화는 아주 흥미진진한 이야기들로 가득하지만 단점이 하나 있다. 그것들은 거의 모두 아이슬란드 출신의 학자 스노리 스툴루손(Snorri Sturlusson, 1197-1241)이 쓴 스노리 에다(Snorra Edda)에서 유래한다. 적어도 그가 이용한 원전들 중에 하나인 시(詩)의 에다가 발견되었는데 그것은 900년에서 1000년 사이에 지필된 것임에 틀림없다. 그러나 이미 불, 얼음, 황폐한 황야들이 있는 이야기들의 지형은 전설(사가, Saga)들이 얼마나 아이슬란드적인 가를 보여준다.

　더 이전 시대 남게르만 지역에서는 타키투스의 게르마니아(55-120)가 원전으로 남아있다. 그것은 세 명의 주신들에 대해서 언급하는데 그들은 보탄(Wotan), 도나르(Donar), 치우(Ziu) 이다. 이 신들은 스칸디나비아 신화에서도 오딘(Odin), 토르(Thor), 티르(Tyr)로 나온다. 게다가 타키투스의 게르마니아는 다산의 여신 네르투스를 기리는 제식에 대해서 상세하게 보고해준다. 모든 종족들이 숭배한다는 그녀의 성지는 덴마크에 있는 한 섬에 있다고 한다. 그녀의 축제 때 그녀의 성스러운 마차가 장식되어 대지 위를 돌아다니며 여기저기서 축제와 환호를 받았다고 한다. 모든 쇠붙이들은 이 시기에 숨겨져 있어야만 한다. 커다란 태양을 달고 있는 그러한 청동 제식마차는 덴마크의 트룬트홀름에서 발견되었다고 한다. 네르투스는 평화와 부, 풍요를 지배하는 뇨르드와 밀접한 관계가 있다고 한다. 전승된 이야기에 따라 그녀는 뇨르드 (Njord)의 여성적 측면, 그의 누이 내지는 그의 부인 혹은 하나 안에 모든 존재였다. 뇨르드의 아들인 프레이르(Freyr), 딸인 프레이야(Freyja)도 적절한 관계가 있었다. 프레이르와 다산의 신 잉그(Ing)도 네르투스의 것과 유사한 마차행진을 전승하고 있다.

타키투스는 아주 무서운 관습들에 대해서도 이야기 한다. 행진 이후에 네르투스의 마차를 씻는 일을 도와주기 위해 특별히 선발된 하인들은 죽어야만 한다. 인간을 제물로 받치는 일은 보통 관례적이었다. 습지에서 제물로 받쳐진 인간 시체를 발견하게 된다. 사람들은 오딘에게 교수형에 처해진 전쟁 포로들도 제물로 받쳤다고 한다.

모든 게르만인들은 인도유럽족에서 유래하는 전형적인 특징들이 있었던 듯하다. 그리고 그리스와 놀라운 유사성이 있었다. 전쟁과 하늘의 신 티르(Thy)와 같은 천둥신 토르(Thor)는 아마도 위대한 날씨 신의 변형들인 것 같다. 봄의 신인 오스타라(Ostara)는 그리스의 에오스(Eos)와 인도의 우샤스(Usas)와 유사하다. 오딘의 까마귀 휴진(Hugin)과 무닌(Munin)은 놀랍게도 제우스의 부인들인 메티스(Metis, 지혜)와 므네모쉬네(Mnemosyne, 기억)와 같은 의미의 이름을 가지고 있다. 두 문화 모두 열 두 명의 신들을 모셔놓은 판테온(신들의 하늘, 신전)이 있다. 헬(Hel)도 하데스도 '덮는 것' 이라는 뜻으로 지옥을 지키는 개와 지옥강을 통해서 살아있는 자들과 분리되어 있다. 운명의 여신 노르넨(Nornen)은 모이라(Moira)와 흡사하다.

아주 고유하고 어쩌면 신들보다 더 오래된 것은 신화적인 상상들이 메워져 있는 그 외의 존재들이다. 무엇보다 거인들과 난장이들이 있다. 거인들은 기본존재들이며 대부분 신들과 인간들의 적이다. 예외적으로 여자 거인들도 있다. 이와는 반대로 난쟁이들은 아주 숙련되어 있으며 정교하다. 대개 정해진 한 장소에 살면서 보물이나 우물을 지키는 용 등이 종종 등장한다.

로마 작가들은 게르만인들이 그들의 신을 종종 특별한 때에 제물로 받쳤던 신성한 흰말들이 있는 작은 숲과 같은 자연 속에서 숭배한다고 얘기하고 있다. 여성들이 제사장이나 예언자로서 중요한 역할을 했다. 중요한 축제들로는 여름에 하는 하지제와 동지 때 하는 동지제가 있었다.

6. 불과 빵-문명신화

거의 모든 고대 문화에서 인간은 처음 발전단계에 신들의 도움을 받았다. 그들은 이 도움을 창조주로부터 직접 받거나 혹은 학자들이 문화영웅이라고 부르는 반신 영웅으로부터 받았다. 그들은 인간에게 세상에서 살아가기 위해 필요한 솜씨를 가르쳐주고 그들에게 불과 양식을 선사해주었다.

불의 획득

신들로부터 그와 같은 귀중한 것들을 계략과 술책으로 훔쳐오기도 한다. 그리스 신화에 보면 태양마차에서 불을 훔쳐온 프로메테우스가 바로 그렇다. 그는 대신 아주 무서운 벌을 받는다. 제우스는 그를 코카서

프로메테우스는 제우스로부터 그의 죄에 대한 끔찍한 벌을 받는다.

스산에 묶어두고, 매일 독수리에게 간을 쪼아 먹히게 한다. 그런데 그리스 문학가들은 그를 평가하는 데 있어 일치된 견해를 보이고 있지 않다. 헤시오드에게 프로메테우스는 신들에게 대항한 하나의 범죄자였으며, 비극시인 아이스킬로스(Aischylos, 기원전

525-456))에게 그는 인류의 은인이었다.

올가미와 바구니

폴리네시아인들 신화에서는 술수가 마우이(Maui)가 지하의 여신 마후이카(Mahu-ika)에게 구걸하여 그녀의 반짝이는 손톱을 얻는다.

다른 오세아니아 신화에서 영웅은 올가미로 태양을 포획한다. 체로키족 신화에서는 여신이 불을 숨겨 둔 우묵한 플라타너스 아래로 내려갈 수 있는 유일한 존재는 물거미이다. 이글거리는 탄을 운반하기 위해서 거미는 바구니를 짠다. 페루, 오스트레일리아, 멕시코에서는 용감한 벌새 한 마리가 자신의 꼬리를 이용해 불을 보존한다.

아마소나스주 인디언들은 이전에는 모든 것들이 거꾸로 였다고 믿었다. 재규어들이 활과 화살로 사냥을 하고 고기를 구워 먹었으며 반대로 인간들은 재규어의 무기와 불을 훔칠 때까지 날 것을 먹었을 것이라고 생각했다. 인간들이 그것을 훔쳐간 후로 재규어는 발톱으로 사냥을 해야만 했다. 재규어의 유리처럼 단단한 눈 속에서 인간들은 아직도 그의 분노와 잃어버린 불을 본다고 인디언들은 말하고 있다.

거미의 운명

고도로 발달 된 문화들은 문명의 발달 신화이야기들을 늘 어느 정도 왜곡하고 있다. 가령 나바호족은 거미 바위가 직조기술을 최초의 인간에게 가르쳐 주었을 것이라고 믿었다. 그리스 이야기에서는 염색의 장인 딸 아라크네(Arachne)가 여성 일의 신이며 수공업을 중심으로 하는 여러 가지 기술의 여신으로 알려져 있는 아테나(Athene)와 솜씨를 겨루었다. 둘은 양탄자를 짰다. 그런데 그녀의 작품은 아테나조차도 흠잡을 수 없을 만큼 훌륭하였다. 이에 화가 난 아테나는 아라크네가 목을 매 자살을 기도하게 만든다. 여신은 그녀를 뱃속에서 줄을 뽑아 베를 짜는 거미로 둔갑시켰다.

기본 식량 —신들의 선물

주식량도 선사시대의 인간들에게는 매우 중요해서 그들은 이것이 초자연적인 원천을 가지고 있을 것이라 믿었다.

이런 맥락에서 가령 플로리다의 인디언들은 할머니 집에 살고 있던 두 형제에 대한 이야기를 하고 있다. 어느 날 항상 고기만 먹는 것이 싫증난 그들은 할머니에게 뭔가 새로운 것을 줄 수 없는지를 물었다. 그러자 할머니는 매일저녁 옥수수죽 한 그릇을 그들 앞에 놓아주었다. 새 음식이 그들에게 맛있었으므로 그들은 할머니가 어디서 그것을 가져왔는지 알고 싶었다. 그녀가 그것을 말해 주지 않자 그들은 몰래 저장고로 들어가는 그녀를 뒤따라가서 그녀가 옥수수를 자신의 몸에서 발라내는 것을 보게 되었다. 그들은 몹시 놀라고 다음날 저녁 음식을 거절했다. 이윽고 할머니는 그들에게 그녀가 이제 영원히 떠나야만 한다는 것을 알려주었다. 그런데 할머니는 그들에게 선물로 그녀의 무덤에서 자라나게 될 옥수수나무를 남겨주었다고 한다.

밀알과 불멸의 보리
신약성경에서도 제물을 통해 번식한 것들에 대한 이야기가 있다. 예수는 풍성한 곡물을 맺기 위해 죽어야만 하는 밀알에 대해서 말한다. 이집트에도 비슷한 이야기가 있다. 한 찬미가에서 오시리스는 다음과 같이 말한다. "내가 살든 죽든, 나는 오시리스다. 신들은 내 속에 살고 있다. 왜냐하면 나는 그들을 먹고 살게 하는 곡물 속에 살고 자라기 때문이다. 나는 땅을 뒤덮고 있다. 내가 살아있든 죽어있든, 나는 보리다. 나를 멸망시키지는 못한다."

희생으로 얻은 식물의 성장

다른 신화 속에서도 중요한 농작물들이 종종 희생을 통해서 생성된다. 페루에서는 신 파차카막(Pachacamac)이 최초의 인간들에게 식량을 만들어주는 것을 잊어버렸다. 그래서 남자는 배가 고파서 죽고 여자는 몇 개의 열매로 삶을 근근이 연명해 나가고 있었다. 그때 파차카막이 하늘에서 내려와 여인을 임신 시켜 아이를 매장했다. 그 아이의 살에서 콩과 호박들이, 뼈에서 카사버가, 치아에서 옥수수가 나왔다.

개부인의 손가락

한 캐나다 신화는 다음과 같은 이야기를 전한다. 어느 날 한 아버지가 딸에게 개와 결혼하라고 강요한다. 그런데 아이들이 태어나자 아버지는 개를 익사시키고 아이들을 멀리 보내버린다. 그러자 딸은 못생긴 남자로 나타난 폭풍의 제비와 결혼하고 그와 함께 배를 타고 떠난다. 아버지는 둘을 쫓아가서 딸을 데려오려 한다. 제비는 폭풍을 일으킨다. 그러자 아버지는 딸을 보트 밖으로 밀어내려고 한다. 그녀가 보트에 딱 붙어있자 그는 그녀의 손을 잘라버린다. 그녀의 손가락 끝은 작은 물개들이 되고, 그녀의 가운데 손가락은 수염달린 물개들이 되고, 그녀의 손목은 해마가 된다. 그러나 그녀는 바다의 정령이 된다.

근친교배 종자

말리의 도곤족 신화에서는 창백한 여우가 창조신 암마(Amma)로부터 최초의 씨앗을 훔쳐와 그것을 뿌린다. 땅은 그 씨앗의 어머니이므로 이 행동은 근친상간으로 여겨졌다. 결국 땅은 메말라버린다. 인간들은 땅을 청소하고 암마가 그들에게 선사해 준 새로운 씨앗들을 이용해야만 한다. 창백한 여우는 그러한 행동이후에 쫓겨나서 여기저기 헤매고 다녔지만 인간들은 그를 여기저기 따라다닌다. 그래서 문명은 천천히 확장되어갔다. 많은 술책가들처럼 창백한 여우도 그릇된 행동을 함으로써 올바른 일을 성취하게 된다.

재미있는 혼합으로 식량이 되다

남태평양 섬에서는 인간들이 모든 종류의 육체적인 것들에 대해서 아주 자연스러운 태도를 취한다. 그래서 작물들의 생성에 대한 대부분의 신화들이 섹스 내지는 배설물과 관련되어 있다는 것이 그렇게 놀랄 일도 아니다. 최초의 마(yams)는 한 남자가 하나의 땅 구멍과 접목해서 지하에 사는 여자 정령을 임신하게 했기 때문에 생성되었다고 한다.

또 다른 신화들은 배설물이 씨앗이나 혹은 신이나 정령의 월경피와 결합해서 열매를 맺었으며 중요한 작물들을 만들었다고 전한다. 멜라네시아의 문화 영웅 시도(Sido)는 오랫동안 그와 자고 싶어 하는 여자가 없었다. 그래서 그는 그의 종자를 섬 전체에 뿌리게 되고 이로써 여러 가지 종류의 야채들이 생겨나게 되었다.

전통 중국 의학(TCM)의 조상
중국 신화에 나오는 농사의 신 신농은 쟁기를 만들었으며 인간에게 경작과 약초 다루는 법과 약 사용법을 가르쳐준다. 그는 채찍으로 모든 식물들을 쪼개서 냄새와 맛을 검사했다. 그 다음에 그것들을 연한 것, 독이 있는 것, 차가운 것, 뜨거운 것으로 나누었다. 이 분류가 오늘날에도 여전히 한의학의 기초가 되고 있다.

7. 모든 인간이 똑같지는 않다
－사회질서를 정하는 신화들

우리는 신화가 사회질서를 만들었던 게 아니라 반대로 사회가 신화를 만들어냈다는 것을 전제로 삼을 수 있다. 특권을 누리는 사람들은 왜 그들의 지위가 신에 의지일 수밖에 없는 지에 대한 해명을 찾고자 했다. 그런데 신화들은 종종 엄청난 힘을 가지고 있었다. 신화는 수세기에 걸쳐 부정한 상황에 대해 쉽게 정당성을 부여해 줄 수 있었으며 그것이 종교와 관련이 있었으므로 경시한다거나 반박한다는 것이 어려웠다.

중국의 귀족과 나머지 사람들

가장 오래된 중국 창조신화에서는 뱀의 꼬리를 가진 태초의 여신 여와가 인간을 만든다. 하늘과 땅이 나누어지고 모든 식물들과 동물들이 만들어 진 후 여와는 땅으로 내려와 황색 흙으로 인간을 만들기 시작한다. 그녀의 창조물들은 살아 움직이며 땅에 살기 시작한다. 그런데 여와는 생산방식이 너무나 느리다는 것을 알아차린다. 그래서 그녀는 밧줄을 가져와 그것을 진흙 속에 담그고 휘젓는다. 떨어지는 파편에서 인간들이 만들어 진다. 이제 인간들이 충분해지자 여와는 그녀의 창조물들에게 아이를 낳는 법과 삶을 형성하는 법을 가르쳐 준다. 물론 황색 흙으로 만들어진 첫 번째 생산품이 진흙으로 만든 대량생산품들보다 질이 더 우수하다. 황색 흙에서는 중국 귀족층이, 다른 흙에서는 나머지 인간들이 만들어진다.

태어나면서부터 이미 정해져있다

게르만 전설에 의하면 신 헤임달(Heimdall)이 지상에 온다. 그는 부인과 초라한 오두막에서 아들 하나를 낳는다. 이아들이 슬라브인들의 조상이 된다. 그는 농부 여인과 최초의 농부인 칼을 낳고, 칼은 고귀한 여인과 결혼해서 최초의 귀족인 얄을 낳는다. 칼은 얄을 너무나 사랑

북유럽 신화에 나오는 수호신 헤임달은 오딘의 아들이며 아홉 명의 어머니가 있다.

해서 그를 직접 교육시키고 루네 문자의 비밀들을 털어놓는다.

티모르 섬에서는 어느 날 하나의 거대한 버자이너(vagina)가 바다에서 솟아올라 인간을 토해냈다. 인간들은 미래의 사회적 지위 순서대로 나왔다. 처음은 귀족, 그 다음은 시민, 마지막으로 소작인이었다.

남자와 여자 사이의 역할 분배도 많은 문화들 속에서 신화와 함께 만들어진다. 남자가 말을 건넬 때 까지 여자들은 순종적으로 기다려야만 했다는 증거로서 근대 일본에서는 최초의 남자 귀족 이자나기와 그의 누이이며 최초의 여자 귀족인 이자나미 이야기를 인용했다. 둘은 신의 지시에 따라 섬나라 일본을 만든다. 그들이 보석으로 장식된 창으로 바다를 휘젓자 창 끝에 맺혀 떨어진 물방울들이 섬이 되었다. 그들은 임무가 끝나자 서로 그들 몸을 살펴보았다. 이자나미는 한 곳에 뭔가가 없다는 생각이 들었다. 반대로 이자나기는 어딘가에 뭔가가 너무 많다는 생각이 들었다. 그들은 똑같이 만들자는 데 의견을 같이해서 결혼제도를 고안해 낸다. 그런데 그들이 낳은 아이가 기형이었다. 그들이 신에게 물어보자 신들은 이자나미가 의식 때 먼저 말을 해서 그럴 것이라고 설명해 주었다고 한다. 그들이 결혼식을 다시 옳게 치르고 나자 제대로 된 아이가 나왔다.(그러나 이 이야기는 아자나미가 언젠가는 죽기 때문에 결말이 좋지 않다. 그녀의 남편은 그녀를 명부세계에서 다시 데려 오려 한다. 그러나 그녀를 쳐다보지 말아야 한다는 명령을 어기고 절반은 썩어있는 그녀의 몸을 보고 놀라서 도망간다. 그러자 그녀는 나쁜 악마로 변하고 명부세계 출구에서 둘은 이혼양식을 의논한다.)

신화가 화를 초래하는 경우
아프리카 민족 중의 하나인 도곤족에게는 태초의 신 암마가 땅과 하나가 되려고 했던 이야기가 전해져 오고 있다. '그들의 종은 하나의 개미언덕이다. 그들의 클리토리스는 흰개미집이다.' 그런데 흰개미집은 신을 마치 하나의 남근으로 느끼게 한다. 신이 그것을 철거하자 결합이 성사되었다. 이 신화로 도곤족은 여전히 시술되고 있는 소녀 할례의식을 정당화시키고 있다. 그들은 남성의 경우 여성적 영혼이 음경의 표피에 자리 잡고 있으며, 여성의 경우 남성적 영혼이 음핵에 담겨 있다고 생각한다.

달팽이 부인

여와는 중국에서 가장 사랑받는 신화 인물 중의 하나다. 그녀는 한때 세상도 구했었다고 한다. 일찍이 이 세상은 엄하지만 현명한 불의 신 축융이 다스렸다. 그런데 그의 아들인 물의 신 공공은 모든 바다와 강의 피조물들의 도움으로 아버지에 대항해서 폭동을 일으켰다. 혁명은 실패했고 공공은 화가 나서 북서쪽 하늘의 지주인 부주산에 박치기를 했다. 그로 인해 하늘에 거대한 구멍이 생기고 땅이 기울어졌다. 숲에 불이 나고 물과 거대한 흙더미들이 남서쪽으로 흘러가 땅이 움푹 파이게 되었다. 여와는 돌을 녹여서 그것으로 하늘 구멍을 메웠다. 그리고는 거대한 거북이 한 마리를 죽여서 다리를 떼어 내어 그것으로 사방의 땅을 고여 바로 잡았다. 한왕조 신화에서는 여와가 복희의 부인이다. 그는 기원전 2852년에서 2737년까지 지배하면서 인간에게 문자, 악기생산, 사냥, 가축사육을 가르쳐 주었다고 하는 전설적인 삼황오제 중의 한명이다.

8. 모든 것들의 끝
–죽음은 어떻게 세상으로 왔을까?

성경에서는 그것을 그렇게 정확하게 설명하고 있지 않다. 그러나 추측컨대 천국에는 죽음이 없었던 것 같다. 아담과 이브는 추방되고서야 비로소 죽게 되었다. 죽음은 인간들의 과오로 인해서 세상으로 오게 되었다는 생각이 일반적이다. 종종 몇몇이 모두를 위한 영생을 경망한 행동으로 날려 보내기도 한다.

종말이 가까워 온다

수단에서는 일찍이 나이가 들면 모든 인간이 하늘에서 내려온 밧줄을 타고 올라갔다가 신에 의해 다시 젊어져서 돌아왔다는 이야기가 전해지고 있다. 어느 날 늘 재앙을 일으키는 하이에나가 밧줄을 잘라버릴 때까지는 그랬다. 파푸아 섬에는 여기저기 돌아다니며 인간에게 문화를 가져다주는 시도라는 반신이 있다. 그런데 그는 아주 긴 남근을 가지고 있어서 그가 좋아하는 어떤 여자도 그와 잠자리를 같이 하려 하지 않았다. 불쾌함에 대한 벌로서 그는 인류에게 죽음을 보냈다. 폴리네시아 신화에서는 마우이가 불멸을 잃어버린다. 그는 명부세계로 여행을 갔다가 그곳에서 자고 있는 거인, 죽음의 여신 히네–누이–테–포(Hine-Nui-Te-Po)를 발견한다. 그는 그녀의 힘을 얻기 위해서 그녀와 잠을 자고 싶어 하며 모든 새들에게 조용하라고 요청한다. 그런데 그의 서투른 행위가 새들을 웃게 만든다. 여신은 깨어나서 마우이를 죽인다.

유죄 혹은 무죄

인간들이 죽음의 존재에 대해서 책임이 없는 신화들도 있다. 인도네시아에서는 최초의 부부가 돌과 바나나 사이에서 하나를 골라야만 했다. 그들은 바나나를 잡았고 그것은 죽음이었다.

다른 신화들 속에서는 지상의 제한적인 공간이 인간들의 유한성에 대한 이유로 나와 있다. 에스키모인(이누이트)들은 인간들이 처음에는 죽지 않았다고 믿는다. 그런데 그들이 너무 많아져서 땅이 기울고 바다로 가라앉게 될 위험에 처하게 되었다. 한 노파가 마법으로 전쟁과 죽음을 불러오고서야 불행이 저지되었다.

중국—중앙의 왕국

중국의 뿌리는 황하유역이다. 상왕조로 기원전 약 1600년부터 최초의 왕조가 입증된다. 그러나 신화에 따르면 중국 역사는 오제 가운데 첫 번째 황제가 등극한 기원전 3000년경에 시작한다. 기원전 2100년 하왕조가 이 황금시대를 이어갔다. 역사가들은 이 하왕조가 적어도 부분적으로는 역사적 모범이었다고 추측하고 있다.

상왕조(기원전 1600-1100)가 지배하고 있는 동안 중국에는 다산과 조상 숭배가 있었다. 통치자이면서 최고 제사장인 왕은 신탁을 통해서 그들의 신적인 조상들과 교류했다. 왕이 죽은 후에는 그도 역시 조상신의 대열에 끼었다. 미래의 삶을 위해서 그들은 충분한 보물들과 많은 하인들을 무덤으로 함께 가져갔다. 와인이나 음식 제물을 위해서 우화에 나오는 동물들, 특히 용과 비슷한 크고 튀어 나올듯한 눈을 가진 괴물들로 장식된 정교한 청동그릇들이 만들어졌다.

기원전 1100년 상왕조는 봉신이었던 주에 의해서 멸망했다. 그들은 상왕조를 철저하게 정리했다. 최고의 신은 이제 하늘이었으며 황제는 "하늘의 아들"이었다. 주왕조는 기원전 300년까지 지배했지만 이미 왕국의 통일은 기원전 8세기경부터 차츰 쇠퇴의 길로 들어서고 있었다. 그런데 바로 이시기에 중국 역사상 가장 중요한 정신적 움직임이 일었다. 여러 제후들이 패권을 다투고 있음에도 불구하고 중국인들은 신들이 그들의 왕국을 통일하려고

한다고 굳게 믿고 있었다. 철학
자들은 새로운 질서에 대한 관
념들을 만들어 간다.

　가장 중요한 사람은 공자(기
원전 551-479)였다. 그는 모든
인간이 이성적이고 복종하며 미
덕을 갖춘 채 자신의 자리를 차
지하고 있는 질서가 잡힌 사회
의 모습을 강조했다. 사회 피라

공자는 다음과 같은 유명한 말을 했다.
"자기가 하고자 하지 않는 것을 남에게
베풀지 말아야 한다."

미드 속에서 누군가가 차지한 위치가 높을수록 모범적으로 살아
야 할 그의 의무도 더 크다는 것이다.

　두 번째로 중요한 움직임은 노자(기원전 6세기)에 의해서 만들
어진 도교사상이었다. 그는 도라는 것을 올바르게 살기 위해서 단
지 인간이 인식하고 그것을 따라가야만 하는 하나의 자연스러운
길이라고 이해했다. 세 번째 정신적인 사조는 음양의 기본 원칙을
포함하고 있는 자연철학(기원전 4세기)이였다.

　한왕조(기원전 206-220)때는 황제가 유교를 국가정교로 추앙
했다. 모든 다른 정신 사조들, 특히 도교는 유교를 보충했다. 유교
는 중국 제국을 20세기까지 지배하고 있다.

　이 국가철학의 그늘 속에 역시 많은 신들도 있었다. 심지어 매
우 다양한 하늘의 신들과 풍부한 신화보물들이 있었다. 그러나 많

은 철학자들과 학자들은 이를 무시하고 차라리 추상적인 철학의 원칙들을 고집했다. 다른 이들은 정치적이거나 도덕적인 메시지를 대중들에게 전달하기 위해서 신화 그 자체를 이야기로 구성하거나 혹은 개작했다. 그와 더불어 물론 소박한 민중들이나 여러 지역에서 보존되고 있던 오래된 전설들도 있었다. 중국 신화들은 다양하면서도 부분적으로 모순적이다. 신화 속에서 전설적인 삼황오제와 인간들에게 문명을 가져다주었던 반신인 영웅들이 중요한 역할을 한다. 그 외에도 많은 혼합존재들이 등장한다.

죽음은 영원한 삶을 가능하게 한다

이집트인들은 죽음이 아니라 영원한 삶의 가능성에 몰두했다. 고대 왕국에서는 파라오만이 태양신의 아들로서 불멸을 얻게 할 수 있으며 그의 몸이 잘 보존되도록 첨탑이 하늘과 연락을 닿게 한다는 건축물 안에 매장되어야 한다는 것을 전제로 하고 있었다. 그러나 파라오들의 권위가 무너지고 혼란 속에서 모든 인간들의 불멸에 대한 이야기가 대두되었다. 그래서 갑자기 모두들 상세한 저세상 이야기들에 흥미를 가지게 되었다. 이제야 오시리스 신화가 이집트 문화의 핵심적인 이야기가 되었다.

태양신 레는 땅의 신 게브와 하늘의 신 누트를 만들어 낸 공기의 신 슈와 물의 신 테프누트를 낳았다. 이 둘은 네 아이가 있었다. 이 네 아이들은 오시리스(Osiris), 이시스(Isis), 세트(Seth), 네프티스(Nephtys)였다. 세트가 오시리스를 죽인다. 그런데 그의 부인 이시스가 시체를 찾아 방부처리를 해서 천으로 감아 시체가 썩는 것을 막는다. 이로써 그녀가 바로 최초의 미라를 만들게 된 것이다. 매의 모습을 한 여인의 형상으로 그녀는 오시리스의 남근에 생명을 불어넣어 아들 호루스를 태어나게 했다. 지상에 오시리스는 더 이상 살 수 없었지만 지하 세계의 신이자 죽은 자들의 재판관이 되었다. 바빌로니아인, 그리스인, 로마인, 게르만인들과는 달리 이집트인들은 그들의 저세상을 즐겨 상상했다. 그러나 그 이전에 하나의 위험한 길을 정복해야만 했으며 오시리스의 법정을

죽음의 법정 앞에 도달하기 위해서 죽은 자는 미로를 통과해야만 했다.

견뎌내야만 했다. 여기에서는 더 이상 마법의 부적이 아니라 죽은 자의 생전의 행위가 중요했다. 수많은 묘지위에 다음과 같이 쓰여 있다. '나는 배고픈 자에게 빵을 주었고, 목마른 자에게 물을, 헐 벗은 자에게 옷을 주었다. 나는 과부와 고아들을 보호했다.'

왜 인간은 더 이상 털이 없을까?
몽골에서는 세상의 바다에 아직도 진흙만 가득하고 산들은 언덕보다 더 높지 않았던 때에 신이 흙으로 남자와 여자를 만들었다고 이야기 하고 있다. 신은 그들을 개와 고양이에게 지키라고 하고서는 영생의 물을 가지러 불멸의 샘으로 갔다. 그런데 악마가 그 사이에 두 동물을 우유와 고기로 유혹했다. 그러고는 인간들 위에 오줌을 누었다. 그것을 본 신은 고양이에게 인간의 털을 핥아서 깨끗이 하라고 명령했다. 그런데 고양이는 아주 깨끗하게 처리하지 않았다. 팔 아래와 하복부에 있는 털은 그냥 두었다. 신은 깨끗이 처리된 인간의 털을 개 앞에 가져다 놓았다. 그러자 개가 인간을 물로 뒤덮이게 했다. 그들은 살아났지만 악마가 그들을 더럽혔기 때문에 더 이상 영생할 수가 없었다.

제우스가 님프 아이기나를 납치해 갔을 때, 인간들 중에 가장 약삭빠르고 승부욕이 강한 시지포스가 그녀의 아버지에게 아이기나가 숨은 곳을 알려준다. 제우스는 벌로 그에게 영적 죽음의 정령 타나토스를 보냈다. 그러나 시지포스가 타나토스를 포박해서 아레스가 그를 풀어줄 수 있게 될 때까지 인간이 죽지 않는 변고가 일어나게 된다. 풀려난 타나토스는 시지포스를 다시 명계로 끌고 갔으나 시지포스는 미리 아내에게 장례식도 치르지 말고 공양을 올리지 말라고 일러두었다. 시지포스는 하데스에게 부인의 의무망각에 대해서 불만을 토로했고 부인에게 주의를 주기 위해 풀려나게 되었다. 물론 그는 다시 돌아오지 않았다. 그러나 그가 후에 실제로 죽었을 때 영원히 바위 하나를 산위로 굴려 가야하는 벌을 받게 되었다.

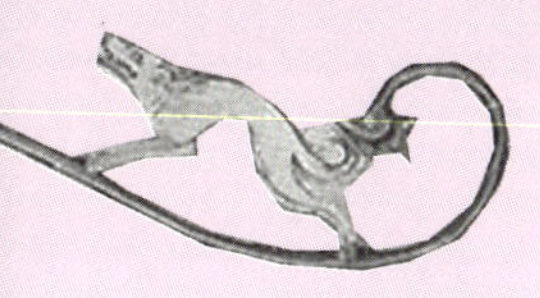

Ⅲ. 바람둥이와 무자비한 복수
—신들의 이야기

그리스 신들의 이야기는 가끔 연속극과 비슷하다. 감정과 영웅적인 행동들의 넘침, 끊임없이 새로운 그럴듯한 사건들. 주인공들은 부자고 권력이 있고 잘 생겼고 재능이 있으며 매력적이지만 잔인하고 복수심이 많고 편협하고 도덕성이 결여되어 있기도 하다. 아테네, 스파르타, 미케네 사람들은 그런 인물들을 실제로 존경하고 숭배했을까?

우리가 알고 있는 대부분의 신화들은 비교적 뒤늦게 기록되었다. 이른바 그리스 신들의 이야기 중 많은 것들이 오비드와 같은 로마 작가들에 의해서 전해진다. 최초의 유명한 켈트 신화들은 아일랜드의 기독교 수도승에 의해서 쓰여 졌고 게르만 신화들도 마찬가지로 기독교인인 12세기 아이슬란드의 스노리 스툴루손에 의해서 쓰여 졌다. 우리는 부분적으로 다른 종교의 사람들이 저술한 새로운 이야기들을 다루고 있는 것이다.

1. 많은 것이 많은 것을 돕는다
-유프라테스와 티그리스 사이의 관대한 공생

수메르 최고의 신은 하늘의 신 아누였다. 그는 그렇게 잘 알려진 고대 신들 중의 하나는 아니었다. 니푸르의 도시신인 그의 아들 엔릴이 그를 쫓아냈다. 니푸르는 수메르의 도시국가 시절에 종교적 공동 중심지였다. 전승된 신화들 중의 많은 것들이 여기에서 기록되었다.

운명점토판의 탈취

엔릴은 우주의 질서가 기록되어 있는 메(Me)의 소유자이기도 했다. 이 점토판들을 어느 날 지하세계의 존재인 새의 신 주(Zu)가 훔쳐갔다. 아누는 두 신들에게 주를 죽이고 점토판을 돌려받게 해달라고 요청했다. 그러나 이 지옥의 새는 너무나 강하므로 두 신들은 이를 거절한다. 수메르 원전에서는 길가메시의 아버지이며 반신인 영웅 루갈반다(Lugalbanda)가 이 임무를 맡게 된다. 그 이후 바빌로니아 원전에서는 새로운 주신 마르둑이 이 임무를 맡는다.

평화로움의 상징 엔키에 대항하는 힘 있는 자 엔릴

유프라테스와 티그리스 유역에서 세 번째로 위대한 신은 엔키였다. 엔릴과 엔키는 종종 적이다. 엔릴은 모든 것을 폭력과 권위로 풀려고 하는 왕이며 전사였다. 엔키는 평화로운 해결책을 찾는 현명한 신이였다. 의문이 생기면 인간들은 그를 찾아가 가장 빠른 도움을 구할 수 있다. 엔릴이 자연의 길들여지지 않은 야성적인 힘들 편이었던 반면 엔키는 인간들에게 이 위력을 제어할 수 있는 방법을 가르친다. 메소포타미아인들은 그가 그들에게 관개시설을 가르쳐 주었다고 말한다.

신들 3인조

메소포타미아인들은 신들을 즐겨 셋씩 묶었다. 아누, 엔릴, 엔키는 최고의 신들이었다. 그 아래에 천체 신들이 있다. 태양신 우토(셈어로는 사마시), 달신 난나(또는 신(Sin)), 금성을 상징하는 신 이난나(또는 이쉬타르). 사마시는 길가메시 서사시에서 큰 역할을 한다. 그는 영웅들의 개인 수호신과 같다. 후에 그는 법과 정의를 대표한다. 바빌로니아의 함무라비(Hammurabi)대왕(기원전 1728-1686) 석비는 왕이 사마시로부터 법률들을 어떻게 받아들였는가를 보여준다.

이난나―이쉬타르(Ischtar)―스타

이난나 ―이쉬타르는 메소포타미아 신들 사이에서 스타다. 힘 있는 남성신들이 역사 속에서 늘 바뀌었던 반면, 이쉬타르는 모든 여성 신들을 지배했다. 그녀에게는 수메르족과 셈족 여신의 모습이 함께 융해되어 있다. 이난나는 다산과 사랑의 여신이었다. 그녀의 일은 연애였다. 이쉬타르는 몇몇 경우에는 남성적으로 묘사되기도 했던 무서운 전쟁의 여신이었다. 바빌로니아의 이쉬타르는 한 여자를 매력적으로 만드는 모든 것을 가지고 있었던 듯하다. 그녀는 선사시대의 가장 인기 있는 여신이 되었으며 가령 고대 페니키아의 아스타르테 여신처럼 거의 모든 다른 여신들이 그녀와 동일시되었다. 모든 바빌로니아 여인들이 일생에 한번 이쉬타르의 신전에서 낯선 사람과 잠을 자야만 했던 것도 분명 그녀의 명성에 한 몫 했다. 이 일은 돈을 지불해야만 했으며 수입금은 신전에 받쳐졌다. 아마도 혼례는 이쉬타르와 두무지사이의 성스러운 결혼식을 개인적으로 실행하는 것이었으며 이로써 다산의 맹세를 했던 것으로 보였다.

신도둑

신도둑질에 있어 가장 뛰어난 자들은 히타이트인들이다. 그들은 그들과 접촉했던 모든 신들을 그들의 판테온에 흡수시키려고 아주 열심히 노력했다. 그들은 그들의 언어로 신들을 불렀으며 그들에게 관례적인 의식을 부여해 주었다. 그들은 문화적인 개방성을 습득하고 있었던 것이다. 아마도 그 개방성의 원인은 기원전 2천년 경 가나안 민족들이 이집트보다 오히려 히타이트 인을 통치자로 가지고 있었기 때문일 것이다.

낯선 신들을 자기의 것으로 만들다

쓰는 게 가능했던 최초의 민족으로서 메소포타미아인들은 물론 그들의 신화도 기록하였다. 유감스럽게도 점토판은 망가지기 쉬운 재료다. 그래서 많은 것들이 해독하기 어려운 조각으로 남아 있다. 잔인하지만 학식 있던 고대 아시리아의 왕 아슈르바니팔 (Assurbanipal, 기원전 668~626) 2세가 만든 니베르에 있는 위대한 도서관에 최고의 원전이 재현되어 있다.

신들이 여러 이름, 다양한 기능, 바뀌는 관계를 서로서로 가지고 있다는 점에서 신화들은 불완전성을 드러낸다. 그 이유는 간단하다. 선사시대에는 사람들이 신들을 수집했다. 어떤 민족은 지나치게 복종하고 싶어 했으며 존경심을 갖고 그들의 신들을 대하며 스스로를 위해 신들을 얻고자 했다. 바빌론 신전의 마르둑 조각상은 역사 속에서 여러 차례 도난당했다. 그것으로 사람들은 힘 있는 신의 보호를 얻고자 했었다.

나중에 아주 공격적인 선전활동으로 최고의 신이 된 바빌론의 도시신 마르둑은 스스로 태고의 뱀 티아마트와 같은 괴물을 죽일 수 있게 된다. 신화에서는 그가 다른 신들의 동의를 얻어 그들의 지배자가 된다고 특별히 강조하고 있다. 마르둑은 정복자가 아니라, 다른 고대의 신들보다 더 강한 멋진 영웅으로 나온다.

2. 오시리스의 유산
–이집트 지배권에 대한 전쟁

신화 내지는 이야기들은 이집트에서 그렇게 대단한 역할을 하지 않는다. 더 중요한 것은 찬미가들이었다. 그 속에서는 있을 수 있는 모든 긍정적인 특성들을 신들이 가지고 있다고 여기고 있다.

살인과 구출

특별한 신화가 있다. 그것은 오시리스의 이야기다. 아우 세트의 오시리스 살해와 그의 부인 이시스의 구출사건이 이집트의 사자숭배에 대한 사상적 기초만을 마련해 준 것은 아니다. 이 이야기는 더 계속되고 있다. 아버지 오시리스가 차지하고 있던 지상의 왕권을 놓고 호루스의 싸움이 이어진다. 이것으로 신화는 정치적인 성격을 띠게 된다. 왜냐하면 오시리스 신화가 거의 중요하지 않았던 고대 왕국 시절에 파라오는 이미 지상에 내려 온 호루스의 화신으로 여겨졌었기 때문이다.

세트와 잃어버린 힘

세트는 결코 항상 어둠의 악한이며 형제 살인자였던 것은 아니다. 세트는 또 태양신이 밤에 명계를 여행하는 동안 아포피스(Apophis) 뱀으로부터 그의 배를 보호할 수 있었던 강한 전사로 여겨지기도 했다. 신들은 지상의 지배권을 가장 먼저 오시리스 형제에게 주고자 했다. 그런데 아무도 레에게 묻지 않았다. 그래서 레는 이에 동의하지 않고 법정을 연다. 이때 이시스는 그의 아들 호루스를 위해서 신들의 기분을 충분히 바꿀 수 있었다. 그렇게 말솜씨가 좋은 변호사를 가지지 못한 세트는 이시스 없이 재판이 진행될 것을 요구한다. 그러자 레는 다음 약속을 한 섬에서 소집한다. 이시스는 가련한 노파로 변신해서 그녀를 태우지 말라는 명령을 받은 사공을 속인다. 그리고 나서 이시스는 미녀의 모습으로 변신하고 신들의 마음을 유혹한다. 세트도 이시스라는 것을 모르는 채 미녀에게 말을 걸었다. 그녀는 그에게 그녀가 과부이며 한 나쁜 이방인이 그녀의 하나뿐인 아들에게서 가축을 훔쳐갔다고 애기를 하면서 세트 스스로 자신의 잘못을 인정하도록 한다. 물론 세트는 도둑을 비난한다. 그래서 그가 스스로 자살했다고 이시스는 승리감을 느끼며 애기해 주었다. 그리고는 조심하기 위해서 매의 형상을 하고 공중 높이 날아간다. 신들은 우선 사공에게 벌을 준다.

힘에 대한 쓸모없는 논쟁

오시리스 신화도 계속해서 더 그럴싸해져 갔다. 특히 신들의 법정에서 아주 진기한 일이 일어난다. 예를 들면 호루스와 레는 그리스의 다투기 좋아하는 올림포스 신들에게나 어울리는 방식으로 서로서로를 욕한다. 레는 호루스를 젖 냄새 나는 아이라고 부른다. 이에 호루스는 레가 숭배자들이 버린 늙은이이

오시리스, 그의 부인이며 누이인 이시스, 레는 이집트 신들의 세계에서 주인공들이다.

며 그의 목소리는 공허할 뿐이라고 되받아친다.

게다가 신들은 세트와 호루스가 시합을 하도록 촉구한다. 그들

은 하마로 세 달 동안 물 밑에서 살아야만 한다. 이시스는 그녀의 아들이 염려스러워 세트에게 작살을 던지고자 했으나 먼저 호루스가 그것을 맞는다. 그녀가 실제로 세트를 작살로 잡게 되었을 때 세트는 자비를 간청한다. 이시스는 동정심을 느낀다. 이에 대해 호루스는 너무 화가 나서 그의 어머니의 머리를 잘라버린다. 그런데 그녀는 토트에 의해서 구출된다. 태양신은 벌로 호루스에게서 눈을 앗아간다. 하토르는 영양의 젖으로 호루스의 양 눈을 원래대로 고쳤다.

또 다른 시험에서 둘은 돌로 배를 만들어야만 했다. 그런데 호루스는 나무로 배를 짜서 생석회로 칠해서 그것을 위장한다. 돌로 배를 만든 세트는 물에 가라앉는다. 호루스를 망쳐놓기 위해서 세트는 그의 손 위에 사정을 하게 되고 그에게 추잡한 접근의 책임을 덮어씌우려 한다. 그런데 이시스는 아들의 손을 잘라서 새로운 손이 자라게 해 두었다. 그 외에도 이시스는 호루스의 정액을 세트가 즐겨먹는 샐러드에 뿌린다. 신들의 법정 앞에서 세트의 정액은 나무동지에서 나오지만 호루스의 정액은 세트의 몸에서 나온다. 이 외설스러운 이야기로 세트는 비난을 받고 호루스는 명예를 회복하게 된다.

그런데 언젠가 이 재판은 다시 출발점으로 돌아간다. 호루스는 정당한 조치를 기대하고 신들은 지하세계에 있는 오시리스에게 편지를 쓴다. 오시리스는 왜 그의 아들에게 유산을 물려주고 있지 않는지를 이해할 수 없다는 반응을 보이며 모든 지하세계 악마들과 함께 위협을 한다. 이제야 마침내 호루스는 왕이 될 수 있다. 사이스(Sais)에서 위대한 어머니로 숭배받고 있는 네이트(Neith)는 세트를 위로해주기 위해서 셈족인 힉소스 민족이 이집트로 데려왔던 두 명의 여신 아나트(Anat)와 아스타르테(Astarte)에게 맡기자고 제안한다.

코드명을 가진 신들

이집트 신들의 진정한 이름은 비밀이라는 것이 그들의 다양성과 어울린다. 그런데 이시스는 레의 이름을 꼭 알고자 했다. 그래서 그녀는 태양신이 뱀에게 물리도록 했다. 그녀만이 해독제로 그의 아픔을 치유해 줄 수 있었다. 레는 그녀에게 그의 모든 이름과 작위를 호명하게 함으로써 궁지를 벗어나고자 시도한다. 그런데 이시스는 비밀 이름이 그 중에 없다는 것을 정확하게 알고 있다. 결국 레는 굴복하고 그녀가 그의 진짜 이름을 그녀의 아들 호루스(파라오)에게만 말할 것을 맹세하게 한다. 이 신화는 파라오와 밀접한 관련 하에서 생겨났다고 해도 된다. 왜냐하면 파라오는 암호화되지 않은 텍스트 속에서는 성스러운 이름으로 알려졌을 뿐만 아니라 태양신의 힘을 가지고 있기 때문이다.

신들은 종종 그림으로 다음과 같이 표현 된다.

아누비스(Anubis): 자칼의 머리

크눔(Chnum): 숫양 머리

하토르(Hathor): 뿔 사이에 태양원반 달고 있는 암소 머리

호루스(Horus): 매의 머리

이시스(Isis): 태양원반을 달고 있는 뿔

마아트(Maat): 타조의 깃

오시리스(Osiris): 하얀 관과 지팡이

세크메트(Sachmet): 사자의 머리

토트(Thot): 이비스새의 머리

이시스와 하토르—고대의 First ladies

헌신적인 아내이자 전사적인 어머니인 영리한 이시스는 사랑받는 이집트 여신들 중 하나다. 특히 로마에서는 후에 이시스 숭배가 매우 성행했다. 그런데 나일강 유역에서 그녀는 "First Lady"라는 호칭을 하토르와 나누어 가져야만 했다. 이시스가 윤곽이 분명하게 그려지는 인간적인 인상을 주는 형상이었던 반면 하토르는 완전 정반대다. '암소 머리를 한 어머니신'이라는 일반적인 표현이 그녀에게는 적합하지 않다. 하토르는 창조여신이며 레의 어머니이자 그의 딸이기도 하다. 그녀는 파라오의 머리에 코브라 우레우스 형상을 하고 앉아있다. 레가 상심해 있으면 그녀는

옷을 벗고 그의 앞에서 춤을 춘다. 그녀는 호루스의 부인이지만 그의 어머니이고 그의 신전이기도 하다. 그녀는 사랑하는 이들, 여성, 무엇보다 출산의 수호신이다. 그러나 하토르는 사나운 사자의 여신 세크메트, 혹은 마찬가지로 위험스러운 고양이 머리를 한 여신 바스테트(Bastet)이기도 하다.

성스러운 악어와 미라가 된 고양이

이미 로마인들과 그리스인들은 고대에 이집트의 동물숭배에 대해서 조롱했다. 아마도 선사시대 대부분의 신들은 토템 신앙의 대상인 동물들로부터 발전되어 오다가 여전히 동물머리를 하고 있기는 하나 점점 인간화되었던 것 같다. 성스러운 동물을 극단적으로 숭배한 것(미이라화)은 신왕국 말기 이후에서야 시작되었다. 혼돈의 이시기에 26번째 왕조(기원전 664-525)는 작위와 제식을 고왕국으로부터 다시 가져왔으며 외적인 구분으로서 전형적인 이집트 동물숭배 의식을 거행했다.

인도—베다의 원류

힌두교의 다양한 신들의 하늘은 기원전 1500년경 북쪽에서 이주해 온 아리아 종족의 믿음과 관련된 관념들 속에 그 뿌리가 있다. 아리아인들이 오랫동안 유목민으로 살았고 문자가 없었다고는 하지만 그들은 베다경들을 통해서 힌두교의 기본적인 성서들을 남겼다. 그들 중 대부분은 시대 전환기쯤에야 비로소 기록되었다. 그러나 구술로 정확하게 전승되어서 언제 그것들이 실제로 생성되었는지를 안다.

이 저서들 중에서 가장 오래 된 것은 기원전 1200년에서 1000년 사이에 북서인도에서 생겨났으며 기원전 8세기에 최종적인 본을 얻은 리그베다(Rigveda)다. 그 안에는 태초에 우주의 본질을 상징하는 거대한 푸루샤를 신들이 희생물로 받친 이야기가 있다. 그 외에도 리그베다에는 1000개의 찬미가가 포함되어 있다. 그 외에 또 중요한 베다로는 사마베다(Samaveda, 제관들의 가영(歌詠)), 야주르베다(Yajurveda, 제사의 법식), 아타르바베다(Atharvaveda, 마법서)가 있다.

후에 매우 비밀스럽고 위험한 의식들이 저술되어 있는 아란야까(Aranyaka)와 철학적인 고찰들이 들어있는 우파니샤드(Upanishad)가 뒤따른다. 내용 해석은 사제자 카스트만이 할 수 있다고 생각했다. 그래서 이 카스트가 전체 사회 생활 속에서 우위를 확보하게 되었다. 불교와 동시대에 생겨난 자이나교

(Jainismus)는 무엇보다도 이 브라만들의 우세권에 대한 저항으로부터 생성된 것이다.

기원전 1000년 아리아인 사회에서 카스트제도가 만들어진다. 사제자(브라만, Brahman)와 귀족(크샤트리아, Kshatriya)은 평민(바이샤, Vaishya)이나 천민(수드라, Shudra)들과 점점 더 구분된다. 그러나 카스트는 완전히 폐쇄적이지는 않다. 소수는 상당히 비싼 의식을 통해 위로 올라갈 수 있다. 카스트들이 서로서로 지내는 방식에 대한 복잡한 규정들이 베다에 기록되어 있다.

힌두교도 수많은 신들이 있다.

더욱 철학적이 된 인도 종교는 최근의 우파니샤드(기원전 500년)로 시작된다. 구체적인 신들 대신에 정신적인 원칙들이 등장한다. 여기서 브라마(Brahma, 범천)가 큰 역할을 한다. 그 외에도 한 인간의 모든 행동은 업보로서 그의 영혼과 연결되어 있으며 모든 새로운 삶속으로 가져가게 된다는 생각이 대두된다. 눈으로 볼 수 있는 세상은 점점 더 단순한 허상으로 여겨진다. 이 세상은 브라마에 몰두함으로써 극복되어져야만 한다.

기원전 400년에서 기원후 400년 사이에 인도 문학에서 두 개의 영웅 대서사시, 마하바라타(Mahabharata)와 라마야나

(Ramayana)가 생겨난다. 마하바라타는 왕의 위엄을 놓고 카우라바와 판다바 가족의 다툼을 이야기 하고 있다. 라마야나는 이상적인 지배자의 모범으로 여겨지는 신적인 왕 라마(Rama)의 삶과 행위를 묘사한다. 이 이야기들의 내용은 오늘날에도 영화의 초안으로 즐겨 이용된다.

4세기에는 인도의 가장 유명한 신화들이 산스크리트어로 번역되었고 푸라나스(Puranas)에 정리되어 있었다. 인도의 많은 이야기꾼들은 그들의 소재를 항상 의식적으로 바꾸었으며 이전의 이야기에 의문을 제기하는 변형된 이야기를 만들어 냄으로써 계속 소재를 발전시켜 나간다. 그 뒤에는 현실이란 항상 하나의 속임수이며 그것이 보이는 것과는 다른 것이라는 생각이 숨어있다. 결국 힌두교의 견해를 따르면 모든 창조는 혼돈에서 생성되었으며 다시 그곳으로 되돌아가게 될 것이다. 그래서 모든 질서는 항상 파괴와 긴장 관계 속에 놓여있다.

3. 바알(Baal)과 아스타르테(Astarte)
–가나안의 어두운 제식

구약성서에서 그들은 악의 화신이다. 바알과 아스타르테(또는 아세라(Asherah))는 예언자들로부터 우상숭배라는 낙인이 찍혀 배격되었다. 이 둘은 과연 누구였을까?

가나안 사람들의 주신

가나안의 종교는 메소포타미아와 많은 유사점들이 있다. 그 중 하나는 가나안 사람들도 다수의 메소포타미아인들처럼 셈족 출신이라는 거다. 또 다른 하나는 가나안이 종종 메소포타미아 대왕국의 일부였다는 것이다.

가나안의 아누는 '엘(El)' 이라고 불렀다. 그도 다소 명료하지 않은 창조신들 중 하나다.

그의 아들인 폭풍의 신 바알이 더 활발하고 인기가 많았다. 그는 대개 천둥을 상징하는 곤봉과 번개를 상징하는 창을 들고 산 위에 서 있는 것으로 묘사되었다. 자주 그는 다른 신들과 연결 지어지는데, 예를 들면 날씨의 신 하다드(Hadad)와 연결 지어져서 바알 하다드가 되기도 한다. 그래서 성경에서 자주 여러 명의 바알에 대해서 말하고 있는 것이다.

바알을 위한 궁전─건립신화

메소포타미아의 마르둑처럼 바알도 영웅적인 행동을 통해 그의 자리를 획득한다. 레비아탄(Leviathan)이라고 불리기도 하는 뱀 모양 머리를 한 바다의 신 얌(Jam)은 엘의 왕권을 요구한다. 엘은 얌이 바알을 이기면 그 힘을 얌에게 주겠다고 한다. 그러나 바알은 신들의 수공업자들이 만든 마법의 무기들로 뱀을 죽일 수 있었다. 그는 뱀의 다리를 여기저기 뿌리고 스스로 왕이 되었다. 얌은 이 신화 속에서 위협적인 자연의 혼돈을 상징한다. 이와 반대로 바알은 농부들이 의존하고 있는 비를 보낸다. 바알의 승리로 인해 신들은 축제연을 연다. 그러나 바알은 그의 누이이자 아내인 전쟁의 신 아나트(Anat)에게 자신은 다른 신들처럼 궁전이 없다고 불평한다. 아나트는 이 간청을 가지고 엘과 그의 부인 아스타르테에게로 간다. 티아마트를 제패한 마르둑의 승리에서처럼 이제 가나안 신들은 그들의 영웅에게 집을 지어준다. 이로써 우가리트(Ugarit)에 있는 바알 신전은 건립신화를 갖게 된다.

▧ 아는 척하기

엘과 엘리자베스
아랍인들과 히브리인들에게 엘은 신을 나타내는 일반적인 말이다. 그래서 그것은 많은 기독교 이름들 속에도 담겨있다. 엘리자베스(Elisabeth, 신에게 받쳐진 자), 미하엘(Michael, 신과 같은 자), 다니엘(Daniel, 신의 재판관), 라파엘(Raffael, 신의 의사), 가브리엘(Gabriel, 신의 힘)등의 이름이 그러하다.

가나안 사람도 이스라엘 사람도 셈족 유목민 출신이었다. 아마도 이스라엘 사람들은 가뭄으로 인해 나일강 골짜기로 피해가서 그곳에서 노예로 일했던 것 같다. 람세스 II세(기원전 1279-1213)의 기록문서에서는 어쨌든 아시아인들이(이른바 이집트인들은 근동 아시아에 사는 사람들이었다.) 두 저수지 도시에서 건설자로 투입되었다고 증명하고 있다. 이스라엘 사람들은 처음에 그들의 신이 유일하게 존재하는 신이라는 것에 대해서 확신을 가지지 못했다. 그들은 그들의 신을 다른 민족들에 의해서 다른 신들이 숭배 받는 것을 참지 못하는 '질투심이 많은 신'으로 보았다. 가나안으로의 이주는 성경에서 말하고 있는 정착한 종족들과 분쟁을 일으키게 했다. 다비드와 솔로몬 시대에는 많은 종족들이 이스라엘 왕국의 일부였으며 페니키아인들과의 관계가 우호적이다. 그런데 왕국은 솔로몬 왕이 죽은 이후 기원전 932년 북쪽의 이스라엘왕국과 남쪽의 유다왕국으로 갈라져 쇠퇴를 맞게 되고 정치적인 영향력이 작아진다. 특히 이스라엘에는 가나안 민족들의 비중이 매우 컸고 왕들은 자신들의 종교를 장려하는 페니키아 공주들과 결혼을 했다. 기원전 722년 이스라엘이 아시리아 인들에 의해서 정복되자 유다에서는 그것을 이방의 신들을 허용한 것에 대한 벌로 여긴다. 이제야 비로소 여호와가 유일한 숭배대상일 뿐만 아니라 유일하게 존재하는 신이라는 것이 설득력을 가지게 되었다.

7년 마다

바알과 싸운 그 다음 괴물은 죽음의 신 모트(Mot)다. 그는 젊은 영웅을 제압해서 그를 지하세계로 데려간다. 이로써 바알은 '사라진 신'이 되었고 땅에는 가뭄이 시작된다. 아세라는 그녀의 아들을 새 왕으로 만들지만 그는 적절한 왕이 아니었다. 그래서 아나트는 남편을 다시 데려오기 위해서 지하세계로 간다. 이 전사적인 여신은 모트를 도리깨로 쳐서 죽이고 불에 태워 가루로 만들어서 새 먹이로 들판에 뿌린다. 그런데 모트는 7년 후에 다시 소생해서 바알에게 도전한다. 싸움은 무승부로 끝난다. 엘은 바알을 왕으로 인정하자고 모트를 설득한다. 그래서 죽음의 힘은 제한되지만 굴복되지는 않는다.(아마도 이 신화로 7년마다 휴경지가 생긴 듯하다.)

어린 아이들이 바알에게 제물로 받쳐졌다. "그들은 그들의 아들들을 바알의 제물로 불에 태우기 위해서 제물을 받치는 장소를 건립한다."라고 예레미아 선지자는 탄식한다. 이 제물들이 어느 정도였었는지는 알려져 있지 않다. 이 제물과 관련된 것을 이야기하는 신화도 많지 않다. 가나안의 페니키아인들이 만든 카르타고에서 발견된 발굴품들 속에 태워진 많은 아이들 뼈가 있었다.

그런데 아스타르테는 선지자들에게 저주의 목표물이 되었다. 왜냐하면 신전 매춘행위가 이시타르와 아스타르테 숭배에 해당하는 일이었기 때문이다.

> ### ✖ 아는 척하기
>
> 풍요와 다산의 여신의 약점
> 기묘하게도 사랑, 성, 다산을 주관하는 여신 아스타르테는 남자 아이를 낳지 못하는 여성들을 도왔다. 그런데 그녀 자신은 임신은 해도 출산을 할 수가 없었다.

4. 포도주, 여자, 노래-그리스의 통통한 삶

시기심 없이 인정해야만 할 게 있다. 가장 아름다운 신들의 이야기는 그리스인들로부터 유래한다. 그러나 그들은 비단 환상적인 이야기를 만들어냈을 뿐만 아니라 모든 것을 대단히 매력적으로 표현할 수 있었던 작가들과 예술가를 가지고 있었다. 유럽 예술은 그리스 신화로부터 영감을 받은 이런 작품들이 없었다면 상당히 빈약했을 것이다.

올림포스의 가족

올림포스의 가족이 주 관심의 대상이다. 제우스와 그의 아내 헤라, 그들의 형제인 하데스와 포세이돈, 누이 데메테르, 제우스와 헤라의 아들 아레스와 헤파이스토스, 제우스의 아이들 아테네, 아르테미스, 아폴론, 아프로디테, 디오니소스. 제우스

오늘날까지도 여전히 시인 호머가 실제로 살았었는지가 확실하지 않다.

는 인도 유럽족에서 기인하며 헤라와 아테네는 아마도 크레타에서 유래하는 것 같고 헤파이스토스와 디오니소스는 소아시아에서

유래한다. 호머의 일리아드는 그리스 편이었던 신들 일부와 트로이야 편이었던 다른 일부가 어디에서 싸웠는지를 알려준다.

신들의 아버지 제우스와 그의 부인 헤라

제우스는 기후의 신일뿐만 아니라 거의 모든 그리스 왕족들의 시조이다. 그는 우주의 조화, 사물의 질서, 집회를 감시한다. 그는 힘의 악용을 벌하고 맹세의 신성함, 손님으로서의 권리, 민중들의 자유를 수호한다. 그 외에도 모든 존재의 미래에 대해서 알고 있는 강력한 신탁의 신이다.

헤라는 특히 여성들의 삶을 돌보며 출산과 모성을 보호하고 혼인의 성스러운 법도를 배반하는 모든 이들을 벌했다.

지혜의 여신, 아테네

아테네는 그리스 신들 중에 가장 지적인 신이다. 제우스가 그녀의 어머니를 삼켜버렸다. 왜냐하면 한 예언이 그녀의 아이가 제우스보다 더 강할 것이라고 말했기 때문이다. 몇 달 후에 제우스는 끔찍한 두통이 생겨서 헤파이스토스에게 망치로 자신의 머리를 열어보라고 청한다. 그 머리에서 아테네가 무장을 하고 튀어나온다. 그녀는 제우스의 또 다른 모습 지혜로 여겨졌다. 아테네는 추잡한 이야기에 둘러싸여 있지 않다. 대신 그녀는 헤라클레

스, 페르세우스와 같은
영웅들, 특히 오디세우스
의 보호자로 등장한다.
아테네는 영리한 전쟁작
전이나 지적인 정치, 예
술적인 창의력과 발명품
들을 관장한다. 그녀는

신들 사이에는 융화와 조화가 드물었다.

인류에게 전차, 피리, 쟁기, 직조기, 올리브나무를 선물해 주었다
고 한다.

사냥의 여신, 아르테미스

아르테미스는 동물들의 지배자이며 늘 선발된 친구들과 함께
사냥을 나간다. 그녀를 임신한 어머니 레토(Leto)는 헤라를 피해
델로스 섬에 도망 왔다. 그곳에서 먼저 아르테미스가 태어나고 그
즉시 그녀의 쌍둥이 동생 아폴론이 태어나는 것을 도와주었다. 그
녀는 이 일이 너무나 충격적이었다고 한다. 그래서 그녀는 제우스
에게 영원히 처녀로 머물게 해달라고 청했다. 그녀를 만나는 것은
하나의 위험한 일이다. 순결의 맹세를 깨고 제우스와 관계를 맺은
그녀의 여자 친구 칼리스토를 아르테미스는 곰으로 변하게 한다.
아르테미스가 목욕하는 것을 몰래 쳐다 본 악타이온은 그 자신의

개들에게 갈기갈기 찢긴 사슴으로 변하게 된다. 그녀는 크레타 섬에서는 어류의 여신이기도 하다. 에페소스에 있는 가슴에 무수한 유방을 갖고 있는 아르테미스의 상(像)은 그녀가 이전에 다산의 여신이었음을 보여준다.

빛의 형상 아폴론

아르테미스의 남동생 아폴론은 그리스 신들 중에 빛의 형상으로 여겨졌다. 그는 젊고 아름다웠으며 그 외에도 음악, 문학, 예언을 관장했다. 그는 태양신으로 포이부스 아폴론이 되었다. 그렇지만 그는 또한 잔인했을 수도 있다. 그는 자신보다 피리를 더 잘 연주하는 사티로스(Satyr) 마르시아스(Marsyas)의 살가죽을 모두 벗겼다고 한다. 그의 화살들은 병을 불러왔다. 그러나 그는 또한 치료를 관장하기도 했다. 신화 속에서 그는 거인이나 뱀과 같은 땅과 연관되어 있는 많은 괴물들을 이겨 승리했다.

전쟁의 신 아레스

전쟁의 신 아레스는 매우 부정적으로 여겨졌었다. 호머는 그가 그의 아버지 제우스에게서 조차 미움을 받았을 것이라 주장한다. 아레스는 전투에 항상 엔요(Enyo, 파괴), 데이모스(Deimos, 두려움), 포보스(Phobos, 공포), 에리스(Eris, 싸움) 등을 거느리고 다녔다. 예술작품에서 사랑받던 소재는 물론 아레스와 미의 여신 아프로디테와의 사랑이야기이다. 포이부스 아폴론은 둘이 함께 있는 것을 발견하고 아프로디테의 남편 헤파이스토스에게 알려 준다. 헤파이스토스는 둘을 망에 가두고 다른 신들의 조롱거리로 만들었다.

아풀레이오스(기원후 125-180)의 이야기에서 보면 에로스는 아름다운 처녀 프시케(정신이라는 뜻)와 사랑에 빠진다. 그런데 그녀는 그의 얼굴을 보아서는 안 되었다. 그녀가 금지된 것을 어겼을 때 에로스는 사라진다. 그녀는 심지어 하데스(저승)까지 가서 그를 찾는다. 그곳에서 페르세포네가 그녀에게 열지 말아야만 하는 상자를 하나 준다. 그러나 그녀는 그것을 열었고 에로스가 그녀를 구하지 못하고 영생을 얻게 해주지 못했다면 그 안에 들어있던 스틱스(Styx)의 수증기로 인해 죽게 되었을 것이다. 에로스는 전승 과정에서 신들이 얼마나 많이 재단되었던가를 보여주는 한 예이다. 헤시오드에 따르면 에로스는 대지와 함께 카오스 속에서 떠오른 창조의 원초적 힘이기도 하다.

대장간의 신 헤파이스토스(Hephaistos)

헤파이스토스는 절름발이에 못생긴 대장장이다. 그는 땅위에 던져질 때 뼈가 다 부서졌다. 헤파이스토스가 한 싸움에서 그의 어머니 편을 들었기 때문에 아버지 제우스가 그렇게 했다는 설이 있다. 또 다른 신화에서는 헤라가 아테네의 출생에 대한 복수로 헤파이스토스를 스스로 낳았지만 그가 너무 못생겨서 실망하고 그를 땅으로 던져버렸다고 한다. 그래서 그는 그녀를 눈에 보이지 않는 사슬로 의자 위에 묶고 올림포스를 떠났다고 한다. 디오니소스가 그를 발견하고는 그를 술에 취하게 해서 노새에 태워 올림포스로 다시 데려왔다. 그래서 헤라는 풀려났고 헤파이스토스는 아프로디테를 아내로 얻는다.

아스클레피오스(Asklepios): 아폴론 신의 아들, 의술의 신
에일레이티아(Eileithyia): 제우스와 헤라의 딸, 분만의 여신
에리스(Eris): 밤의 딸, 불화의 여신
헤베(Hebe): 제우스와 헤라의 딸, 젊음의 여신
헤카테(Hekate): 거인족, 우라노스와 가이아의 증손주, 마법의 여신
헤스티아(Hestia): 크로노스와 레아의 딸, 아궁이불과 가정의 평화를 상징하는 여신
판(Pan): 헤르메스와 님프의 아들, 목양신

거품에서 태어난 여신 아프로디테

미의 여신은 한 전설에 따르면 제우스의 딸이지만 다른 일설에 따르면 바다거품에서 태어난 오케아노스의 딸 디오네(Dione)의

딸이다. 또 다른 일설에 따르면 우라노스의 잘려진 사지 중에서 태어났다고도 한다. 대부분의 예술가들은 바다거품으로 결정지었다. 그녀는 불멸하거나 불멸하지 못하는 많은 연인들을 소유하고 있다. 그녀의 동반자는 그녀의 아들 에로스다. 그는 늘 잘못 맞추는 사랑의 화살을 들고 다니는 날개를 단 소년이다.

신들의 왕 제우스의 여자 친구들

제우스는 몇몇의 여자들을 실제로 가졌을까? 그리스 신화에서는 서른한 명을 들고 있다. 헤라, 가이아, 므네모시네, 에우뤼노메, 테미스, 데메테르, 페르세포네, 메티스, 디오네, 레토, 마이아, 세멜레, 다나에, 알크메네, 레다, 에우로페, 로, 엘렉트라, 셀레네, 타위게터, 엘라라, 니오베, 칼리스토, 에우뤼메두사, 안티오페, 라오다메이아, 프로토게네이아, 아이기나, 에우리오디아, 아익스, 플루토. 그 외에도 제우스가 하늘로 납치해 와서 신들의 음료 담담관으로 만든 트로이의 아름다운 왕자 가니메드(Ganymed)가 있다. 그런데 제우스의 형제인 포세이돈도 내보일 만한 서른 네 명의 여자들을 가지고 있었지만 그렇게 오랫동안 흥미진진한 이야기를 만들지는 않았다. 제우스는 황금 빗물로(다나에), 암피트리온의 모습으로(알크메네), 하얀 황소로(에우로파), 개미로(메우뤼메두사), 사티로스로(안티오페), 독수리로(세멜레와 가니메드), 백조로(레다) 변신하여 그의 연인들에게 다가갔다.

술의 신 디오니소스

디오니소스는 그리스신들 중에 고삐가 풀린 신이다. 봄과 가을에 그를 기리는 바쿠스축제(Bacchanalia)가 열린다. 이 때 그의 추종자들이 무아지경에 이를 때까지 노래와 춤을 춘다. 이에 반하는자는 벌을 받게 된다. 이 향연을 금지시키려고 했던 테베의 왕 펜테우스(Pentheus)는 그 자신의 어머니에 의해 갈기갈기 찢겨졌다.

바다의 신들

그리스 바다는 뭔가 일목요연하지가 않다. 가이아(Gaia)는 그녀의 아들 폰토스(Pontos)와의 사이에서 최초의 바다 신들의 혈족을 낳는다. 우라노스와의 사이에서도 오케아노스(Okeanos)라불리던 바다신을 낳는다. 오케아노스와 그의 누이동생인 테티스는 3,000명의 아름다운 오케아니데스의 부모다. 이들 중 하나인도리스는 폰토스의 아들 네레우스와 50명의 바다요정 네레이스를 낳는다.

가상 최고의 바다신은 포세이돈이다. 거품이 이는 물마루는 그의 마차를 끄는 말들의 목덜미다. 그는 자신의 삼지창으로 폭풍을일으키고 바위를 산산 조각나게 하고 땅을 뒤흔들고 새로운 섬이생성되게 할 수 있다. 그는 많은 연인들이 있었으며 오디세우스가항해 중에 정복해야만 하는 소용돌이 카리브디스(Charybdis)와 같은 유별난 후손이 있었다.(카리브디스와 짝을 이루는 스킬라 (Scylla)는 님프 중 하나로 포세이돈의 질투심 많은 부인이 변신했다.) 그런데 포세이돈은 아름다운 메두사와 신성한 아테네 신전에서 잠을 잤다. 그러자 아테네는 아름다운 소녀를 죽음의 시선을 가지고 있는 뱀머리의 괴물로 변신시켜버렸다. 페르세우스가 그녀의 머리를 자르자 그녀의 몸에서 날개를 단 말 페가수스가 나왔다.

신들의 사자 헤르메스

고전적인 올림포스의 신은 아니지만 가장 중요한 신들 중의 하나가 제우스와 플레이아데스 중의 하나인 마이아(Maia)의 아들 헤르메스다. 신들의 사자이며 장난꾸러기 신 헤르메스는 태어난 지 얼마 되지 않아서 거북이 등으로 리라를 만들었다고 한다. 그는 저녁마다 아폴론의 오십 마리의 송아지를 훔쳤는데

민첩한 신들의 사자 헤르메스는 자주 날개가 달린 모자를 쓰고 있는 모습으로 그려졌다.

아폴론은 리라를 얻는 대신 자기의 소를 훔친 것을 용서했으며 결국 의형제를 맺게 되었다고 한다. 헤르메스는 모든 신들 중에 가

장 광범위한 업무영역을 가졌던 것 같다. 그는 특히 상인들과 도둑들의 신이 되기도 했다.

운명의 여신들

그런데 신들보다 더 힘이 있는 자들은 원래 신들도 제물로 만들 수 있는 운명의 여신들이다. 가령 끊임없는 분노를 상징하는 알렉토(Alekto), 피의 복수 티시포네(Tisiphone), 시기를 상징하는 메가이라(Megaera), 성스러운 분노 네메시스(Nemesis), 오만을 상징하는 히브리스(Hybris), 위험을 부르는 열정 아테(Ate)등이 바로 그들이다.

5. 라라와 사투르누스 숭배
-로마의 많은 축제들

로마 판테온은 그리스의 모방인 섯처럼 보인디. 주피터는 제우스, 주노는 헤라 등등…. 그러나 로마의 주피터는 신들의 아버지이기 보다는 로마의 국가신이었다. 승리한 개선장군들은 주피터로 변장했다. 모네타(Moneta)라고도 하며 좋은 충고자인 주노의 신전은 카피톨리노(Capitolino) 언덕 위에 있었다.

이탈리아에서 베껴오다

전쟁의 신 마르스(Mars)는 고대 이탈리아의 풍요와 농경의 신에서 나왔다. 그리스 아레스와 달리 그는 대단한 존경을 받았다. 로마인들은 마르스가 그들의 여사제 레아 실비아를 겁탈했다고 해도 자신들을 그의 아들로 여겼으며 그의 보호아래 있다고 믿었다. 로마에서도 마르스, 비너스, 불카누스의 삼각관계를 즐겨 예술작품의 소재로 삼고 있지만, 마르스와 불카누스는 친구로 여겼다.

로마가 본원인 신들

절반은 그리스적인 신들과 더불어 고유한 로마 신들도 있다. 사투르누스는 주피터에 의해서 쫓겨났다고 한다. 그는 시작과 종말의 신 야누스가 최초의 왕으로 군림하고 있는 라티움으로 도망간다. 야누스는 평화적으로 도망자와 지배권을 나눠 갖는다. 사투르누스는 고마움의 표시로 인간들에게 경작과 포도재배를 가르쳐 준다. 그는 황금시대의 평화의 신으로 찬미되었다. 그를 기념하기 위해서 매년 12월 중순에 사투르누스 축제가 열렸다. 이 축제 때는 신분 차이가 제거되었다. 누구에게나 말할 자유가 있었으며 서로 선물을 주고받았다. 특히 새해를 밝히는 초를 주고받았다.

모네타

주노 모네타 신전에는 화폐창이 있었다. 여기에서 찍어내던 동전들을 모네타라고 불렀으며, 모네타가 기원이 되어 머니(money)라는 말이 탄생하게 되었다고 한다.

물잔의 수

안나 페레나(Ana Perenna) 축제는 3월에 성대한 야유회와 함께 거행되었다. 한 설에 따르면 안나 페레나는 케이크를 파는 여인이었는데 기원전 5세기 신분전쟁 때 기아에 시달리는 이민자들을 구하고 상으로 신이 되었다고 한다. 또 다른 설에 따르면 그녀는 카르타고 디도(Dido) 여왕의 자매였으며 그녀의 죽음 후 도망을 가야만 했다고 한다. 그녀는 라티움으로 왔으며 아이네이스(Aeneas)가 그녀를 친절하게 맞이해 주었다고 한다. 그런데 그의 아내 라비니아(Lavinia)가 질투심에 그녀를 죽이려 했다. 디도는 꿈에서 그녀의 자매에게 경고를 한다. 안나는 도망을 간다. 아이네이스는 그녀를 찾으러 가고 강의 요정이 된 그녀를 발견한나. 그 이후에 모두 강 끝머리에 있는 환희의 물을 마시게 되었다. 로마인들은 페레나 축제 소풍에서 잔을 비운 수만큼 살게 된다고 주장하고 있다.

비극적 운명

6월 마테르 마투타(Mater Matuta) 축제 때는 그렇게 온정이 넘치지 않았다. 여성들이 한 여자노예를 채찍질했으며 제물을 받치고 그들의 조카를 위해서 신들의 축복을 청했다. 결코 자신의 아이들을 위해서는 아니었다. 마테르 마투타는 세멜레(Semele)의 자매인 이노(Ino)였다고 한다. 이노가 죽자 그녀는 세멜레의 아들 디오니소스를 키웠다. 그녀의 남편은 미쳐서 그녀를 괴롭히고 자신의 아들을 죽였다. 이노는 둘째 아이와 함께 바다로 도망을 가고 바다여신에 의해서 티베르 강어귀로 데려가졌다. 그곳에서는 막 바쿠스 여인들이 축제 중이었다. 이노가 제우스의 아들을 키웠다는 사실에 화가 나 있던 헤라(주노)여신은 한 바쿠스에게 한 아이의 토막이 제식이 될 것이라고 말을 건넸다. 이노의 도움을 부르짖는 소리에 헤르쿨레스가 둘을 구해주었다. 그는 이노를 예언자 카르멘타(Carmenta)에게로 데려갔다. 이 예언자는 그녀가 로마에서는 마테르 마투타로서 그리고 그리스에서는 바다의 여신 레우코테아(Leukothea)로 숭배 받게 될 것이며 그녀의 아들은 항구의 신 포르투누스(Portunus)가 될 것이라고 말해 주었다.

주피터-제우스　　　　　플루토-하데스
주노-헤라　　　　　　　케레스-데메테르
미네르바-아테네　　　　베스타-헤스티아
다이아나-아르테미스　　바쿠스-디오니소스
아폴로-아폴론　　　　　메르쿠르-헤르메스
비너스-아프로디테　　　텔루스-가이아
마르스-아레스　　　　　솔, 루나, 아우로라-헬리오스, 셀
불카누스-헤파이스토스　레네, 에오스
넵툰-포세이돈

로마의 연애사건

　그리스 신화에서는 잘 알려지지 않은 주피터의 연애사건이 있다. 그는 불의 부족을 돕는 님프 유투르나(Juturna)에게 접근했었다고 한다. 그런데 그녀가 그에게서 도망쳐 가자 그는 모든 신들을 불렀다. 그들은 주피터를 도와 유투르나를 설득해야만 했다. 라라(Lara)여신이 이것을 유투르나에게 말해주었다. 주피터는 라라의 혀를 잘라버리고 그녀를 죽음의 강 스틱스(Styx)의 님프로 만들었다. 신들의 사신 메르쿠르가 그녀를 그곳으로 데려다 주었다고 한다. 그러나 가는 도중에 그는 그녀와 잠을 자고 집을 수호해주는 라레스(Lares) 쌍둥이를 낳았다. 그런데 라라는 아카 라렌티아(Acca Larentia)로서 양치기 파우스툴루스의 아내이며 그 둘

은 함께 쌍둥이 로물루스와 레무스를 키웠다고 한다. 혹은 아카 라렌티아가 주사위놀이에서 획득한 헤르쿨레스의 아내였다는 설도 있다. 그런데 영웅 헤르쿨레스는 계속 이동을 해야만 했고 그의 젊은 부인에게 그녀가 만나는 첫 번째 남자에게 헌신하라고 조언해 주었다. 그녀는 그렇게 했고 부유한 상인을 만났으며 그가 죽은 후에는 큰 재산을 물려받게 되었다. 그녀는 이 재산을 자신이 죽은 후 로마 시민들에게 나누어 주었고 신과 같은 숭배를 받게 되었다.

배설물의 여신
로마에서 하수 시스템은 누가 수호할까? 물론 하수구의 여신 클로아치나(Cloacina)다. 어느 날 클로아카 막시마(Cloaca Maxima)라는 대하수로에서 여자조각상이 발견되었다고 한다. 그 당시 통치자였던 타티우스는 이것이 알려지지 않은 신일 것이라 여겼으며 그녀를 위한 신전을 만들어 주었다.

불교적인 아시아

기원전 6세기 말 네팔의 왕자 싯다르타(기원전 560-483)는 고타마 붓다Gautama Buddha)라는 이름으로 하나의 새로운 종교를 만들었다. 우파니샤드의 사상을 토대로 해서 그는 모든 인간은 자신의 욕구를 극복함으로써 윤회의 궤도에서 구제될 수 있다고 가르쳤다.

불교와 더불어 사제와 신이 없는 하나의 종교가 생겨났다. 그리고 신화도 없이 생각해야만 했다. 그런데 인간들은 이 종교에도 다양한 이야기를 만들어 내는데 성공했다. 하나는 부처인 고타마 싯다르타에 관한 전설들이다. 다른 하나는 고대의 지방신들이 부처 이야기에 엮여졌다. 가령 부처가 보리수나무 아래서 수행 할 때 뱀 왕이 일곱 개의 머리를 꼿꼿이 세우고 부처를 지켰다고 전해진다. 브라마는 아무도 그의 말을 경청하지 않을 것이라 믿던 시절 그에게 설파를 강요했다고 한다. 그 외에도 부처의 그 이전 시절을 만들어냈다. 그 중 하나는 그가 들토끼였을 것이라고 말한다. 그는 신 인드라(Indra)에게 받칠 수 있는 것이 아무것도 없었기 때문에 자신의 살을 제물로 받치고자 불길 속으로 뛰어들었다는 것이다. 그런데 인드라는 그를 마지막 순간에 구했다고 한다.

시대가 바뀌면서 신화적인 요소들도 가지고 있는 불교의 한 종파인 대승불교(Mahayama)가 생겨났다. 특히 그것은 특징적인 보살 숭배와 함께 나타난다. 보살은 깨달음을 본질로 하는 자다.

가령 티베트의 달라이 라마는
보살의 현현으로 여겨진다.
그는 윤회의 궤도를 부수고
니르바나에 들어갈 수 있으나
동정심으로 인해 다른 인간들
곁에 머문다. 여러 보살들의
인간화에 관한 수많은 신화들
이 생겨났다.

부처는 스스로의 힘으로 영혼의 완벽한 정
화를 이룩했다.

불교는 2세기에 중국으로 와서 그곳에서 큰 의미를 얻게 되었
다. 그곳에서도 불교적인 신화들이 생겨났다. 부처의 제자 물리안
에 관한 이야기들이 인기가 있었다. 그는 어머니를 지옥에서 구제
해내려고 했었다. 죽은 자들의 재판관 야마가 벌은 행동에 기인하
므로 판결들은 취하될 수 없다고 그에게 말했음에도 불구하고 물
리안은 여러 곳을 찾아다니며 모든 지옥관청들과 접촉을 한다. 결
국 그는 그의 어머니가 있는 곳을 알게 된다. 이 구역은 오십 명의
악마들이 지키고 있었다. 이들은 칼들의 숲처럼 독이빨을 하고 있
었으며 피가 그득한 그릇 같은 주둥이, 천둥 같은 목소리, 번개 같
은 눈을 가지고 있었다. 그러나 물리안은 그들을 부처로부터 받은
마법의 요술지팡이로 몰아낸다. 결국 그는 사십 아홉 개의 바늘로
판에 꽂혀있는 그의 어머니를 발견한다. 그는 그녀를 풀어 줄 수
가 없다. 그래서 그는 부처에게 가서 그의 어머니를 위해 간청한

다. 부처는 자비심을 가지고 지옥 아래로 내려온다. 물리안은 그 사이에 고향도시를 돌아다니며 검은 개 한 마리가 그의 옷을 잡아당길 때까지 구걸을 했다. 이 개는 그의 어머니였다. 그가 칠 일 낮과 밤 동안 불경을 읽고 기도하고 금식을 하고 나서야 비로소 그녀는 인간의 모습으로 돌아오게 된다.

원래는 철학 사상인 중국 도교도 불교와의 대비로 인해 신비한 숭배가 전개 되었고 사원, 수도승, 향이 도입되고 영웅, 수호신, 인간이 된 별들, 용 등의 존재들이 고안되기 시작했다.

6. 게르만의 불완전한 영웅들

  게르만인들은 두 신족을 알고 있었다. 호전적인 아사 신족은 아스가르드(Asgard)에 있는 그들의 궁전에 살고 평화로운 바나 신족은 바다에 살았다. 연구가들은 바나 신족이 그 지방 주민들의 농경과 풍요의 신들이었을 것이며 아사 신족은 인도 유럽 정복자들이 가져 온 수입 신이었을 것이라고 생각한다.

아사와 바나 신족 이야기

  적어도 아사와 바나 신족의 이야기는 평화롭게 시작하지 않는다. 어느 날 바나 신족의 마법사 굴베이그(Gullveig)가 아사 신족에게 오게 되었다. 그들은 바나 신족의 금이 어디에 숨겨져 있는지를 알기 위해서 굴베이그를 고문한다. 두 신족은 이로 인해 전쟁을 시작한다. 그러고 나서 영원한 평화를 협정하게 된다. 두 신족은 앞으로 동등한 권리를 가져야만 한다는 약속을 한다. 인질들도 교환하기로 했다. 바다의 신 뇨르드(Njord)와 그의 아이들 프레이르(Freyr), 프레이야(Freyja)는 아스그라드로 가고 호니르(Honir)와 미미르(Mimir)는 바나 신족에게로 간다.

북구의 아버지 신, 오딘

최고의 아사신은 오딘(보탄 Wotan)이다. 그는 하늘, 전쟁, 죽음의 신이었으며 지혜와 지식을 추구하는 데 사로잡혀 있었다. 루네 문자를 얻기 위해서 그는 우주수 위그드라실(Yggdrasil)에 목을 매단다. 그 이후에 그는 지혜의 샘물을 마시고 루네 문자를 해석할 수 있기 위해서 눈을

아사 신족의 우두머리인 오딘은 지혜를 끊임없이 추구하는 것으로 알려져 있다.

제물로 받친다. 그는 거인 군로드(Gunlod)에게서 시작 능력을 마련해 주는 스칼데의 꿀술을 속임수를 써서 빼앗아갔다. 그의 어깨 위에는 까마귀 후긴(Hugin, 생각)과 무닌(Munin, 기억)이 앉아 있다. 그들은 오딘에게 세상에서 일어나는 모든 일을 얘기해 준다. 그는 고령의 노인으로 챙이 넓은 모자와 안대를 착용하고 세상을 즐겨 돌아다니며 인간들의 손님접대를 점검한다.

오딘의 아내, 프리그(Frigg)

더 오래된 고대 신화에서는 오딘의 아내가 프리그다. 그녀는

특히 농경, 혼인, 집안일, 다산을 담당했다. 그 이후의 신화에서는 프리그가 사랑의 여신 프레이야와 동일시된다. 프레이야는 마법을 쓸 줄 알았으며 날 수 있는 매의 날개옷을 가지고 있었다. 그녀는 한 때 아름다운 목걸이를 얻기 위해서 사일 밤을 난쟁이들과 함께 보내기도 하지만 계속해서 그녀에게 반한 거인족들이 그녀를 폭력으로 얻고자 하자 몹시 화를 낸다.

북구의 귀염둥이, 토르

게르만족들이 좋아하는 신은 토르(또는 도나르 Donar)였다. 그는 오딘과 요르드(Jord, 대지)의 아들이다. 그는 붉은 수염을 흔들면 번개가 만들어지는 천둥과 기후의 신이다. 토르는 늘 산양이 끄는 마차를 타고 돌아다니며 거인족들과 싸운다. 그는 무엇이든 맞히고 다시 부메랑처럼 되돌아오는 묄니르(Mjölnir)라는 마법의 망치를 가지고 있었다. 종종 그는 농부의 아들 티알피(Thialfi)를

항상 천둥망치를 들고 다니는 게르만족의 신 토르의 마차 앞에는 항상 염소들이 묶여 있다.

데리고 다녔다. 그는 언젠가 티알피의 아버지 집에서 묵은 적이

있다. 그런데 그가 너무 가난해서 토르는 잔치음식을 마련하기 위해 자신의 숫염소들을 잡았다. 그러나 뼈와 가죽은 따로 두었다. 아침에 그는 동물들을 다시 소생하게 했다. 그런데 티알피가 골수를 빨아 먹기 위해서 허벅지 뼈 하나를 부셨기 때문에 한 마리가 절뚝거렸다. 그 대가로 토르는 티알피를 하인으로 데리고 다녔다.

신들의 마지막 싸움을 위해서 오딘은 그의 궁전 발할라에 결투에서 패한 귀족들을 모은다. 직접적인 결투가 아니라 전쟁터에서 목숨을 잃었던 귀족들은 전쟁의 신 티르가 맡는다. 그러나 전쟁에서 죽은 농민들은 토르의 성에서 자신들의 자리를 얻는다. 그 성은 50층으로 된 가장 큰 성이다. 그곳에서 가장 떠들썩하고 즐거운 일들이 벌어졌다고 한다.

장난꾸러기, 로키(Loki)

거인족 출신인 로키는 게르만 신들 중에 악한의 역할을 한다. 그런데 그는 오딘과 형제의 의를 맺음으로써 오랫동안 신들이 그를 내버려둔다. 로기의 모습이 어떠한지는 아무도 알 수가 없다. 그는 모든 존재로 변신할 수 있다. 한번은 암말로 변해서 아스가르드의 벽을 만든 거인족의 힘센 수말을 유혹한다. 둘의 관계에서 태어난 것은 다리가 여덟 개인 오딘의 말 슬레이프니르(Sleipnir)다.

바다의 신, 뇨르드

바나 신족인 바다신 뇨르드는 그 이전에 아스가르드에서 다산의 여신 네르투스(Nerthus)와 결혼했었다. 그녀는 뇨르드의 누이였으며 아사 신족 사이에서는 근친상간이 금지되어 있었기 때문에 뇨르드가 그녀를 떠나야만 했었다고 신화에서는 얘기하고 있다. 뇨르드는 고요한 바다를 사랑하는 평화로운 신이다. 아사 신족 사이에서 뇨르드는 스카디(Skadi)를 부인으로 삼는다. 그녀는 폭풍의 거인 티앗시(Thiassi)의 딸이다. 그러나 언젠가 티앗시는 이둔(Idun)과 영생을 준다는 그녀의 황금 사과들을 훔쳐서 신들을 노쇠하게 만들었다. 로키가 프레이야의 매 날개옷을 입고 티앗시에게 날아와 이둔을 호두로 변하게 하고 도망갔다. 티앗시는 독수리가 되어 그를 쫓아갔다. 그러나 신들은 아스그라드에서 톱밥에 불을 붙이고 티앗시는 불에 타버렸다. 스카디는 아버지의 복수를 하려고 했다. 그러나 로키는 늘 그녀를 피해갔다. 로키는 그의 몸짓과 똑같이 움직이는 숫염소 한 마리를 자신에게 묶었다. 결국 스칼디는 웃고 말았고 오딘은 그녀에게 아스그라드에 머물고 한 남자를 선택하라고 설득했다. 그런데 그녀는 단지 후보자들의 발만 볼 수 있었고 뇨르드를 선택한다.

그러나 뇨르드는 따뜻한 바다에 살고 싶어 하고 스카디는 얼음과 눈 속에서 사냥을 가고 싶어 했기 때문에 둘은 행복하지 못했다. 그들은 9일은 여기에서 9일은 저기에서 살아 보려한다. 그러나 결국 그들은 헤어지고 스카디는 겨울과 스키의 신 울(Ullr)과 결혼한다. 한 때 그는 오딘이 유배생활을 하는 동안 세상을 10년 동안 지배했었다고 한다. 신들의 아버지 오딘은 땅의 여신 린다(Rinda)를 납치했기 때문에 이 벌을 받게 되었다. 오딘은 발리(Wali)와 함께 그의 아들 발데르를 죽게 한 자를 증명하고자 했다. 그런데 린다는 오딘을 거부했다. 그러자 오딘은 그녀를 구타하고는 늙은 여인으로 변신해서 그녀에게 와서 만약 그녀가 오딘과 함께 간다면 그녀를 치료해 줄 것을 약속했다고 한다.

전쟁의 신, 티르(Tyr)

타키투스(Tacitus)에 따르면 티르도 전쟁의 신이었다. 그의 명예를 기리기 위한 칼싸움은 게르만 축제에 빠지지 않았었다고 타키투스는 쓰고 있다. 에다에 보면 티르는 하위 역할을 한다. 그렇지만 신들이 위험한 늑대 펜리르를 속여서 잡아 묶으려고 할 때 영웅적인 행동을 한다. 신들은 단지 그의 강함을 시험해보고 싶다고 말한다. 늑대는 자신이 풀려날 때 까지 신 하나가 손을 그의 입에 넣을 것을 요구한다. 티르가 그 일을 한다. 계략을 알아차린 늑대는 그의 오른 손을 먹어버린다.

신들의 황혼, 라그나뢰크(Ragnarök)

아마도 자신들의 신에게 게르만족들보다 더 폭력적인 종말을 마련해 준 문화는 없을 것이다. 왜냐하면 모든 신들이 죽었기 때문이다. 그 종말은 신들 자신에게 많은 책임이 있다. 그들의 처음 심각한 잘못은 바나 신족들과의 전쟁이었다. 그들은 아스그라드를 지어 준 거인족에게 약속한 임금을 주지 않고 위증을 했다. 게다가 탐욕, 신모독, 손님을 환대하는 마음의 훼손등과 같은 인간들의 만행이 일삼아졌다. 이로써 세상의 종말, 라그나뢰크가 예고된다. 신들 몰락의 발단은 발두르의 살해다. 프리그는 그녀의 아들이 죽음을 당하는 꿈을 꾼다. 그녀는 모든 만물들에게 그를 해치지 말 것을 맹세 시킨다. 단지 작은 나뭇가지 하나만이 그녀에게는 아주 약해 보인다. 모든 신들이 발두르가 다치지 않는 존재임을 확인하기 위해서 그에게 무엇이든 던지곤 하자, 로키가 맹인인 발두르의 형제 회두르에게 나뭇가지로 된 활을 손에 쥐어주게 되고 빛의 신 발두르는 죽는다. 그의 부인인 봄의 여신 난나(Nanna)는 고통 속에 심장이 찢어진다. 그의 형제인 헤르모두르(Hermodur)가 발두르를 다시 풀어달라고 죽음의 나라 여신 헬(Hel)을 찾아가 간청한다. 그러나 헬은 세상 모든 만물이 그를 위해서 울고 있다면 돌려보내 주겠다고 말한다. 헬은 그렇지 않다면 그럴 이유가 없다고 말한다. 발두르의 이복형제인 발리는 회두르를 죽이고 로키를 쇠사슬로 꽁꽁 묶고 그의 머리 위에 뱀을 매달

있는데 그 독액이 한 방울 한 방울 그의 얼굴 위에 떨어진다. 그의 아내 시긴(Sigyn)은 그 독액이 떨어지는 것을 그릇 속에 받는다. 그러나 그녀가 그 그릇을 비우러 밖으로 들고 나갈 때는 독액이 로키 위에 떨어져, 그는 공포로 고함을 치고 그 결과 지진이 일어나게 된다.

모든 것을 황폐하게 만든 3년 동안 계속되는 휨불(Fimbul)의 겨울이 신들의 황혼 이전에 찾아왔다. 이리들이 태양과 달을 먹어 버린다. 이그드라실은 말라 죽었다. 모든 괴물들이 풀려나서 모여 들었다. 로키, 펜리르 늑대, 미드가르드의 뱀, 지옥의 개 가름(Garm), 지옥의 모든 존재들, 거인들 등등. 그들은 죽은 사람의 배 나글파르(Naglfar)를 타고 아스가르드로 간다. 이 배는 죽은 자들의 손톱과 발톱으로 만들어졌다.

신들은 죽은 전사들과 함께 그들에게 대항한다. 그러나 양 쪽 모두 기회를 얻지 못한다. 그들은 서로서로 죽인다. 토르는 미드 가르드 뱀을 죽이지만 뱀의 마지막 숨결에서 묻어나온 독을 마시게 된다. 펜리르 이리가 오딘을 먹어치우게 된다. 티르는 가름을 무찌르고 나서 피범벅이가 된다. 결국 전체가 불탄다.

그러나 라그나뢰크가 끝은 아니다. '그때 다시 물에서 땅이 떠오르고 다시 푸르러지는 것이 보일 것이다. 경작지에 씨를 뿌리지 않아도 열매를 맺게 되고 사악한 것들은 개선되고 발두르는 집으로 돌아온다.' 라고 에다에서는 이야기 하고 있다. 평화로운 발두르와 함께 그의 형제들도 되돌아온다. 발두르를 죽인 회두르, 회두르를 살해한 발리와 말이 없는 숲의 신 비다르(Widar)가 돌아온다. 그들은 서로 화해하고 아름다운 새 세계를 함께 통치한다.

한 때 토르의 망치 묠니르를 거인족 트림(Thrym)이 훔쳐간다. 그는 프레이야를 아내로 맞이하고 싶어 한다. 에다에서는 다음과 같이 얘기하고 있다. '그들은 미의 여신 프레이야를 찾으러 갔다. 그리고 토르가 먼저 말을 했다. "프레이야, 신부의 아마포를 걸쳐요! 우리 거인들의 땅으로 갑시다." 그러자 프레이야는 입에 거품을 물 정도로 화를 냈다. 그녀의 격노로 온 홀이 흔들리고 그녀의 반짝이는 목걸이가 끊어질 정도였다. "내가 남자에 미친 여자가 되지 않고서야 거인들의 나라로 가겠는가!"' 신들의 회의에서 하임달은 다음과 같은 답을 내놓는다. "우리는 토르에게 신부의 아마포와 목걸이를 걸치게 할 것입니다. 그가 여자옷을 입고 신부의 보석으로 머리와 가슴을 치장하게 합시다." 토르는 그를 여자 같다고 나무랄까봐 그 짓은 차마 못하겠다고 버텼다. 그러나 로키가 그런 말로는 그의 망치를 되찾지 못할 것이라고 말한다. 만찬이 시작되자, 프레이야로 변장한 토르는 황소 통째로 한 마리, 연어 여덟 마리와 그밖에 날라진 모든 달콤한 음식들을 먹어치우고 벌꿀술 세 통을 마셨다. 시녀로 변장한 로키가 말했다. "프레이야님은 거인들의 나라로 오는 것을 손꼽아 기다리시느라 여드레 동안 아무 것도 드시지 않았답니다." 그러자 트림은 프레이야에게 키스하고 싶어서 신부의 베일 밑을 엿보다가 뒤로 펄쩍 뛰었다. "왜 프레이야의 눈이 저렇게 무섭게 이글거리지? 불처럼

이글거리는군!” 이번에도 로키가 변명했다. “프레이야님은 그동안 한숨
도 못 주무셨답니다.” 트림은 모든 것을 믿고 결혼을 축복하기 위해 신부
에게 망치를 가져다준다. 그러자 토르는 그를 재빨리 망치로 쳐 죽인다.

홀레(Holle) 부인과 그녀의 자매들
오딘, 프레이야 토르와 관련한 게르만 판테온은 스칸디나비아의 에다에
의해서 전승된다. 남쪽 게르만 종교에 대한 것은 몇 안 되는 단편들만이
알려져 있다. 그러나 몇몇 여신들은 민족들의 관습 속에 보존되어 있다.
알레만인들의 사육제 때 마녀의 가면을 쓰고 그 역할을 하는 대지와 다
산의 여신 버크타(Berchta), 동화 속에서는 홀레(Holle)부인으로 나오는
집과 뜰의 수호여신 홀다(Holda), 그리고 부활절에서 이름을 딴 봄의 여
신 오스타라(Ostara).

7. 인드라, 비슈누, 시바

아리아인들은 인도유럽 어족계의 한 지파(支派)다. 기원전
1500년경 인도로 넘어 온 종족들과 페르시아인들과 메데르인들
이 이에 속한다. 그들은 비슷한 신들을 가지고 있었으며 위대한
기후의 신이 가장 윗자리를 차지하고 있었다. 고대 인도에서 전래
된 이야기들은 그를 디아우스(Dyaus)라고 부른다. 그는 대지의
여신 프리티비(Prithivi)와 결혼했다. 그들의 아이들 중에 바람의
신 바유(Vayu)와 인드라(Indra)가 처음에 가장 큰 역할을 했다.

신에서 범법자가 된 인드라

인드라는 가파른 사회적 하강을 하게 된다. 리그베다(Rigveda)에서는 모든 찬가들 중 4분의 1이 그에게 받쳐지고 있다. 그는 창조가 시작될 때 하늘과 땅을 휘감고 있는 악령의 뱀 브리트라(Vritra)를 죽인다. 인드라는 신주(神酒) 소마로 힘을 기르고 무기 바주라(金剛杵)로 브리트라를 쳐부수었으며 하늘과 땅을 분리시키고 물과 태양을 갇힌 상태에서 풀어주었다. 더 이후의 신화에서는 젊은 영웅 크리슈나(Krishna)가 인드라를 더 이상 경배하지 말라고 그의 민족들을 설득하는 이야기가 전해진다. 악천후가 몰려오자 크리슈나는 산을 갈라서 들판을 보호한다. 또 다른 신화에서는 인드라가 브리트라를 이긴 후에 궁전을 만들면서 그의 목수를 못살게 군다. 그 목수는 신들에게 불만을 토로한다. 비슈누가 어린 소년의 형상을 하고 인드라를 찾아와 그렇게 화려한 궁전은 이전의 어떤 인드라도 가지고 있지 않았을 것이라 말한다. 그러고 나서 그는 지나가고 있는 개미떼가 인드라들임을 주장했다. "잘 보시오. 저 개미 떼는 당신 앞을 지나간 인드라들이오. 그들이 환생해서 개미가 된 거지요." 결국 인드라에게는 세 개의 큰 범죄행위가 추가된다. 친지살해, 계약위반, 간통. 그는 고행자 고타마의 아내를 납치했다고 전해진다. 고타마는 그를 저주하고 인드라는 그의 고환을 잃게 된다. 신들은 그것을 산양의 고환으로 대체해주어야만 했다. 그 이후의 이야기에 따르면 인드라의 별칭은 '수

천 개의 눈을 가진 자'이며 간통죄를 저지른 후에 그의 몸 위로 눈
과 같은 역할을 하는 여성의 음부들이 나타났다고 한다.

인도 아리안족에게 소마(Soma) 내지는 하오마(Haoma)라는 이름의 제
식 환각음료는 큰 역할을 했다. 페르시아 신화에서는 전쟁의 신 미트라
(Mithras)가 태양신의 지시에 따라 황소를 제물로 받쳐야만 했다고 한
다. 황소의 몸에서 약초가, 척수에서 곡물이, 피에서 하오마가 나왔다고
한다. 황소제물은 미트라숭배의 핵심이다. 미트라 숭배는 이후에 특히
로마 군인들 사이에서 성황을 얻게 되었다.

여러 가지 형상의 신, 비슈누

비슈누는 리그베다에서 여전
히 인드라의 친구이며 전쟁의
동반자였다. 그는 나중에 브라
마, 시바와 함께 3대 신이 되었
다. 브라마는 우주의 창조신이
고 비슈누는 유지신이며 시바는
파괴신이다. 그런데 브라마는
비슈누의 배꼽에서 태어났다는
이야기도 전해지고 있다. 비슈

힌두교의 신 비슈누는 자주 네 손을 가
진 신으로 그려진다.

누는 세상이 사악한 자에 의해 위협받을 때 항상 다양한 화신이 되어 내려와 구제해 주는 자비로운 신이다. 그는 최초의 인간인 마누(Manu)에게 배를 만들라고 충고해줌으로써 대홍수를 피하게 해준 물고기의 화신 마트스야(Matsya)였다고 한다. 혹은 비슈누가 스스로 커다란 거북이의 모습으로 변하여 만다라 산을 자기의 등 위에 올려놓고 신들로 하여금 바다를 휘젓도록 하였다고 한다. 비슈누의 10화신들 중 가장 인기가 있는 것은 영웅적인 왕 라마(Rama)와 크리슈나(Krishna)다.

치명적인 희생

시바의 부인은 아버지가 중요한 제사를 지내는데 남편인 시바신을 초대하지 않자 치욕감에 불에 타 죽는다. 그녀 이후 인도에서는 미망인의 희생을 사티(Sati)라고 불렀다. 인도 신화에서 남편을 위해 불에 타 죽은 최초의 여인은 라마의 부인 시타(Sita)다. 그녀의 행동은 오랫동안 이상으로 여겨졌지만 현실세계에서는 모범으로 여겨지지 않는다. 이슬람교(기원전 8세기부터)와는 대조적으로 힌두교는 그러한 민족적인 이상을 염두 해 두고 있다. 남성들이 모두 라마와 같은 영웅은 아닐 수도 있지만 여성들은 적어도 충실해야하며 시타처럼 희생을 감수 해야만 한다.

시바와 그의 부인들

신화작가들이 좋아하는 신은 시바다. 그는 처음에 신들의 제물

의식에 참여하지 못했다. 그의 부
인 사티는 이에 대해 매우 수치스
러워했다. 그래서 시바는 그의 요
가단체와 하인들을 모아 그의 장인
다크샤의 제사의식을 방해했다. 하
인들이 제사장들을 묶어놓는 동안
시바의 땀이 역병을 일으키는 괴물
로 변했다. 브라마는 시바에게 만
약 그가 이 괴물을 통제해 준다면
앞으로는 제사의식에 그도 참여시
켜주겠다고 약속한다. 시바는 그것

시바는 처음에 무서운 신 루드라
(Rudra)라고 불렸다. 그러나 이후에
그의 추종자들이 그들의 신을 상냥
한 신 시바로 부르게 되었다.

을 토막 내지만 그 일부들로부터 세상의 모든 병들이 생겨난다.

그의 두 번째 부인 파르바티(Parvati)가 거친 시바를 제어했다
고 한다. 무엇보다 그녀는 지금까지 금욕자로 살았던 그에게 섹스
와 가족 삶의 즐거움을 가르친다. 그런데 어느 날 여신은 그녀의
아들 가네샤(Ganesha)에게 그녀의 방을 지키고 있으라고 명령한
다. 의무감에 아들은 그의 아버지를 저지한다. 아버지는 화가 나
서 그의 머리를 베어버린다. 파르바티는 분노하게 되고 시바는 찾
을 수 있는 가장 가까운 곳에 있는 코끼리의 머리를 아이에게 씌
운다. 이런 형상을 하고 가네샤는 행운을 가져오며 좋은 음식을
애호하는 인도의 가장 사랑받는 신이 되었던 것 같다.

시바는 종종 파란 목으로 그려진다. 왜냐하면 그는 바다를 휘저을 때 세상을 파괴하고자 떠오른 독을 삼켰기 때문이다. 그러나 그는 우주 안에 모든 움직임의 기원이기도 하며 네 개의 팔과 하나의 불길이 치솟는 화관을 쓰고 있는 무용수, 사다시바(Sadashiva)로 그려진다. 그 외에도 사람들은 신의 남근을 상징하는 링가(Linga) 상으로 그를 숭배한다.

시바의 부인 파르바티는 위대한 여신 마하데비(Mahadevi)의 한 모습이다. 또 하나는 사다시바의 부인인 네 개의 팔을 가지고 춤을 추는 데비(Devi)의 모습이다. 마하데비의 미혼의 모습들은 모두 공포를 자아낸다. 그 중 하나는 결코 누구도 이길 수 없는 전쟁의 여신 두르가(Durga)다. 그녀는 세상의 안정을 위협하는 악마들과 싸운다. 두르가가 분노하게 되면 이마에서 아주 무서운 형상이 튀어 나온다. 그것은 바로 피비린내 나는 검은 피부의 칼리(Kali)였다.

오랫동안 페르시아인들은 인도와 유사한 다양한 신들을 가지고 있었다. 그런데 기원전 7세기 무렵 동이란에서 차라투스트라는 세계 최초의 일신교를 창시한다. 짧은 간주곡으로 아톤 숭배가 잠깐 있었던 것을 제외한다면 최초라 할 수 있다. 차라투스트라는 고대의 신들 중에서 아후라 마즈다(Ahura Masda)를 선택하고 그를 유일한 신으로 선언한다. 아후라 마즈다는 인간들을 하나의 명백한 선택 앞에 서게 한다. 인간들은 성스러운 영 스펜타 마이뉴(Spenta Mainyu) 혹은 파괴의 영 앙그라 마이뉴(Angra Mainyu)를 따를 수 있다. 인간들은 죽은 후에 그들의 행동에 대한 판결을 받게 된다. 페르시아의 왕 다리우스(Darius, 기원전 550-486) 1세는 새로운 종교의 추종자였다. 그러나 그의 후계자들 사이에서 일신론은 다시 희미해져 간다. 유명하던 고대 신들이 부수적인 신들로 받아들여진다. 특히 아후라 마즈다, 미트라(Mithras), 아나히타(Anahita)를 삼위일체로 여기고 사랑하게 되었다.

중남미─인디언들의 고도문화

　중미 최초의 문명은 기원전 1500년 동멕시코에서 생성된 올멕(Olmec) 문명이었다. 이 문명은 기원전 약 400년까지 존속했으며 모든 다른 후속 문화에 영향을 끼쳤다. 올멕인들은 피라미드 사원에서 종교적인 중요한 일들을 했다. 그 안에 재규어인 신을 모셨다. 비슷한 신상들이 그 이후에도 등장한다. 올멕인들은 적어도 1500킬로미터 이상 떨어진 곳과 교역을 했었다. 많은 연구가들은 그들이 페루 문명과 접촉했을 것이라 믿는다.

　기원후에 오늘날의 멕시코시티 근처에 있는 도시 국가 테오티우아칸(Teotihuacan)이 중미의 새로운 문화와 경제 중심지로 발전한다. 과테말라와 남멕시코 저지에 있는 신생 마야도시들이 테오티우아칸의 영향을 받게 된다. 600년에서 650년 사이에 테오티우아칸은 유목민족들에 의해서 파괴된다. 톨테카족들도 이 유목민들 중에 하나였다. 그런데 아스텍족들 사이에서는 테오티우아칸이 신들의 도시로 여겨진다. 그곳에서 신들은 다섯 번이나 세상을 창조했다고 여겼다. 가장 먼저 톨테카족들이 멕시코 고원지대에 그들의 수도 툴라(Tula)를 세운다. 그들은 호전적이었다. 많은 부조들이 발톱으로 인간의 심장을 움켜잡고 있는 맹금을 보여준다. 가장 높은 신은 인간제물을 거절했던 고결한 케찰코아틀(Quetzalcoatl, 푸른 깃털을 한 뱀)이었다고 한다. 그런데 이후 아스텍문명에서는 검은 테스카틀리포카(Tezcatlipoca)로 다시 등장

하는 사악한 재규어 신이 그를
몰아냈다고 한다. 그는 연기 나
는 거울이라는 뜻을 가지고 있
다. 케찰코아틀이 늘 길고 검은
머리와 수염에 아주 하얀 피부
를 가진 크고 나이든 남자로 묘
사되어지기 때문에 많은 연구가

올멕 문명은 이미 마야문명보다 천 년
먼저 그들의 피라미드사원으로 인공적인
산들을 만들어냈다.

들은 콜럼버스 이전에 이미 유럽인들이 중미로 왔었음에 틀림없
다고 생각한다. 아스텍족 지배자인 몬테주마(Montezuma)는
1519년 정복자 에르난도 코르테스(Hernando Cortes)를 다시 돌
아온 케찰코아틀로 여겼다.

　저지대 정글에 있는 마야 도시국가는 기원전 5세기에서 7세기
사이에 번성기를 누린다. 북과테말라에 있는 티칼(Tikal)이 가장
중요한 도시국가였다. 그들의 의식에서는 피의제물, 마약, 숫자가
중요한 역할을 했다. 마야인들은 수학적인 영역에서 신들과 소통
했다. 그들은 두 개의 달력을 가지고 행운과 불행의 날을 정했다.

　12세기경 톨테카족의 통치권이 붕괴 된 이후 아스텍족이 중앙
멕시코로 이동해왔다. 그들의 부족신은 인간제물을 좋아하는 태
양신 우이칠로포치틀리(Huitzilopochtli)다. 그는 어떤 전형이 없
다. 아마도 종족의 이동을 지휘한 신이 된 영웅이었을 것이다.

　남미에서는 기원전 800년 경 페루의 고원지대에 이전의 중미

문화와 아주 흡사했던 문명들이 생성되었다. 차빈문명(Chavin, 기원전 800-200)과 나스카문명(Nazca, 기원전 200년부터 기원후 650까지)이 가장 중요한 문명들이다. 그들은 남미 동쪽 해안을 따라 뻗어있는 거대한 잉카 제국의 전신이다. 잉카의 창조신은 비라코차(Viracocha)였다. 그의 아들인 태양신 인띠(Inti)가 숭배의 중심에 있었다. 그의 땀에서 황금이 만들어졌다는 이야기도 있다. 스페인의 정복자에게 엄청난 양의 황금을 바쳤다고 하는 이야기 뒤에 하나의 새로운 신화, 즉 전부가 금으로 되어 있는 도시 엘도라도의 신화가 만들어졌다.

우림지역의 종족들은 이와 달리 북미 인디언들과 흡사한 샤머니즘적인 전통을 섬겼다. 그들은 세상이 만들어 진 후 지상의 용무에서 손을 뗀 창조신과 고대에는 인간들과 유사하게 살았다고 하는 재규어들과 같은 수많은 문화영웅들을 모셨다.

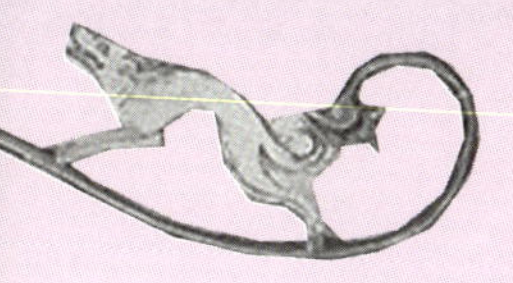

Ⅳ. 길가메시, 아킬레우스, 지그프리트
―신화의 영웅들 이야기

　영웅과 반신(半神)들은 신화 속에서 신들과 인간을 연결해주는 중개물이다. 많은 신화 속에서 초인적인 존재가 더 두드러지게 나타나기도 하고 또 다른 신화 속에서는 그 보다 적게 다루어지기도 한다. 뛰어난 능력을 가진 인간들로부터 마법사와 반신, 신성의 체현까지 그 모습은 아주 다양하다. 그 중 어떤 이들은 한 때 역사적인 인물이기도 한 인간들이었으나 점점 신이 되어갔다. 또 다른 이들은 고대의 신들이다. 그들은 더 어리고 매력적인 신들에 의해서 내몰리게 되었다.

　호머의 유명한 서사시에서 영웅들은 아직 불멸하지 않는 인간들이다. 그들은 모험을 극복해내기 위해 신의 도움이 필요하다. 약 50년 후에 헤시오드는 영웅들로부터 오늘날의 인간들 이전에 살았던 초인적인 종족을 만들어 낸다. 작은 차이가 있기는 하다. 가령 제단 대신에 아궁이에서 영웅에게 봉헌했다. 또한 제물로 받친 동물의 머리가 하늘을 향해 위로 구부려져 있지 않고 아래로 눌려져 있었다. 그렇지만 신과 흡사한 지위는 부인될 수가 없었다. 영웅들은 적어도 일종의 '제 2계급의 신들' 이 되었다. 그들을 추종하는 사람들 사이에서는 종종 그들이 더 사랑받기도 했다.

1. 불멸에 대한 동경
−길가메시와 그의 추종자들

기원전 2000년 인류 최초의 문학은 쐐기모양의 석필로 12개의 점토판에 쓰여 졌다. 그것은 영웅 길가메시의 모험이야기다. 그는 실제로 살았던 인물이다. 그는 기원전 2700년 우룩의 도시영주였다. 그때는 수메르 도시 국가들이 서로 전쟁을 일으키기 시작했으며 성직자 왕들이 최고자리에서 물러나고 세속의 영주들이 도래했다.

적에서 친구가 된 엔키두(Enkidu)

서사시에서는 길가메시를 닌순(Ninsun) 여신과 우룩의 왕 루굴반다(Lugulbanda)의 아들이라고 부르고 있다. 길가메시는 실질적으로 어떤 여인도 안전하지 않았던 폭군이었다고 한다. 그래서 우룩의 주민들은 신들에게 불만을 토로했을 것이다. 길가메시의 거만함을 몰아내기 위해서

길가메시는 신격화된 이후 지하세계의 신들 중에 하나로 여겨졌다.

신들은 야생인간 엔키두를 만든다. 그러나 길가메쉬는 엔키두를 매춘부를 이용해 굴복시킨다. 그녀는 6박 7일 동안 그와 잠을 자

고 그를 도시로 데려와서 문명을 가르쳐 준다. 엔키두와 길가메시는 만났을 때 처음에는 서로 싸우지만 금방 친구가 된다. 길가메시는 명성을 얻기 위해서 괴물 굼바바(Chumbaba)를 죽이자고 엔키두를 설득한다.

거절된 사랑 또는 엔키두의 죽음

승리하고 돌아오는 길은 열광적이었다. 이쉬타르(Ischtar) 여신도 감격했다. '이쉬타르는 길가메시의 아름다움을 쳐다보았다. 도도한 이슈타르가 그에게 가까이 다가갔다. "이리 오세요, 길가메시, 나의 남편이 되어 당신의 힘을 즐길 수 있도록 해주세요."' 그녀의 청혼에 아랑곳 하지 않고 길가메시는 그녀에게 거칠게 퇴짜를 놓는다. "당신은 그 대가로 무엇을 줄 수 있단 말인가? 내가 당신을 받아들인다면 당신은 무엇을 요구할까? 누군가 당신을 원하는 자가 있어 당신을 받아들인다 해도 당신을 거리에 내다 팔지 않겠는가! 왕의 음식들과 음료, 왕의 옷과 힘만으로도 충분해. 당신의 차가움이 누구의 피를 따뜻하게 하겠는가?" 길가메시는 그녀의 이전의 모든 연인들이 비참한 최후를 맞았다며 이쉬타르를 비난한다. 모욕당한 이슈타르는 그녀의 아버지에게 온 나라를 폐허로 만들 천상의 황소를 보내달라고 요구한다. 그러나 길가메시와 엔키두는 황소를 죽인다. 이어서 신들은 치명적인 병을 세상에 보내게 되고 엔키두는 그 병으로 죽는다. '길가메시는 친구 엔키두의 죽음을 슬퍼하며 몹시 쓰라린 눈물을 흘리며 초원을 헤매고 다닌다. "아무것도 소용없어. 나도 죽어서 엔키두처럼 사라지게 될까?" 영웅은 깊은 충격을 받았으며 지금까지의 삶의 의미를 의심하게 되고 죽지 않는 방법을 찾고 싶어 한다. 그는 자신의 조상인 우트나피쉬팀(Utnapischtim)에게 조언을 구하러 가기로 결심한다. 우트나피쉬팀을 만나러 가는 길은 물론 위험하지만 많은 동화들 속에서처럼 더 이상 싸움들은 없다. 길가메시는 전갈인간에 대한 두려움을 이겨내야만 했으며 칠흑 같은 어둠 속에서 산을 지나 긴 길을 지나가야만 했으며 인간으로서의 삶을 즐기라며 충고하는 시두리(Siduri)를 뿌리쳐야만 한다. 그는 그녀에게 우트나피쉬팀에게로 가는 길을 묻는다. 우트나피쉬팀은 그에게 불멸의 비밀을 알려줄 수 있다. 길가메시는 6일 낮 7일 밤 동안 자지 않고 보내야만 했다. 우파나피쉬팀은 그에게 바다 아래에서 자라는 생명의 약초에 대해서 알려준다. 길가메시는 바다로 뛰어들러 약초를 꺾어 올 수 있었다. 그러나 그 약초는 집으로 돌아가는 길에 뱀이 다 먹어치워 버린다. 길가메시는 불멸은 인간들에게는 허용되지 않음을 알게 된다. 그들의 유일한 기회는 가령 우룩의 성벽처럼 후세를 위해 남게 될 어떤 것을 만드는 일이다. 신들과의 거리는 이겨내기 어려운 것이라는 것을 서사시는 가르쳐 주고 있다. 인간은 단지 자신의 행동과 도덕적으로 바른 삶을 통해 우주 질서

속에 자신의 자리를 채울 수 있을 뿐이다. "너의 적에게 나쁘게 대하지 말라, 너에게 나쁜 짓을 한 자에게 선으로 갚아라. 너의 적에게 정의가 미치도록 하라."라고 우파나피쉬팀은 그의 후손에게 조언한다.

무시무시한 죽은 자들의 세계
메소포타미아의 명부세계에 대한 것을 읽어보면 불멸에 대한 길가메시의 소망을 이해하게 될 것이다. 이곳에는 완전히 아무것도 존재하지 않는다. 바빌로니아인들은 죽은 자들에게 저세상에서 필요한 모든 것, 특히 양식을 제물로 받쳤다. 그들은 그렇게 하지 않으면 죽은 자들이 배가 고파서 수채에서 발견할 수도 있는 그런 것들을 먹기 위해서 혼령으로 나타날 것이라고 믿었다.

왕의 딸들을 유괴하다

신화 뒤에 실제로 숨겨져 있는 것은 무엇일까? 이 질문은 현대에 와서 생긴 것만은 아니다. 이미 고대 그리스인들은 자신들의 신화들을 비판적으로 살펴보기 시작했다. 역사가 헤로도투스(Herodot, 기원전 482-429)는 자신의 책 '역사' 시작 부분에서 페르시아 학자들의 견해에 따르면

페니키아인들이 그리스 공주 이오(Io)를 유괴한 일이 헬라스(Hellas)와 페르시아 왕국 사이의 불화를 유발했다라고 보고한다. 그리스인들은 그

대신 에우로파와 메데아를 납치했을 것이며 페니키아인들은 다시 헬레나를 납치 했을 것이다. 이미 기원전 5세기에 범속한 유괴가 신들의 아버지인 제우스의 연애사 속에 있었다.

유명해지고 싶다는 소원

이름을 날리고 싶다는 소망을 길가메시는 다른 수많은 영웅들과 함께 했다. 그리스의 테세우스(Theseus)도 그 중 하나다. 열여섯 살이었을 때 그는 아테네로 가는데 더 위험한 육로로 갔다. 결국 그는 헤라클레스에 필적하고자 했다. 그는 길을 가는 도중에 수많은 괴물들, 특히 거인족들을 물리친다. 아테네에서는 또다시 크레타 섬에 지불해야 할 제물 기한이 다가오고 있었다. 일곱 명의 소년들과 일곱 명의 처녀를 황소인간 미노타우르스(Minotaurus)에게 제물로 받쳐야 했다. 테세우스는 자발적으로 그들과 함께 가서 괴물을 죽인다. 그를 도와주었던 아름다운 아리아드네(Ariadne)를 테세우스는 두고 떠나야만 했다. 그는 아르고호(號) 원정대(Argonautes)에 참여해서 켄타우로스(Kentauros)와 싸우고 아름다운 헬레나를 납치한다.

아더왕 원탁의 기사들도 끊임없이 모험 길을 나선다. 어딘가에는 늘 악한, 괴물, 곤경에 빠진 아가씨가 있다. 역사적으로 보면 아더왕이 존재했었다고 할 경우 앵글로 족과 색슨족의 침략에 대항해 싸웠었을 것이다. 최초의 원전들은 12번의 큰 전투를 열거하

고 있다. 그러나 시간이 지나면
서 원탁의 기사들 이야기는 일
종의 스포츠와 관계되는 사건
들, 누가 더 많은 승리와 상을
받았는가, 누가 더 흥미진진한
모험을 했는가, 누가 더 아름다
운 여인을 얻었는가 등과 같은
일종의 힘 측정이 되었다. 성배

아더왕은 전설 속에서 마법사 멀린
(Merlin)의 보호를 받는다.

이야기가 끼어들 때 까지는 신화라기보다 차라리 영웅들의 동화
였다.

1180년 크레티앙 드 트루아(Chretien de Troyes, 1135-1190)
는 페르스발(Perceval) 기사에 관한 '성배 이야기(Le Conte del
Graal)'를 저술한다.

13세기 초에 볼프람 폰 에셴바흐(Wolfram von Eschenbach,
1170-1220)가 '파르치발(Parzival)'로 그 뒤를 잇는다. 길가메시
처럼 기사 파르치발도 인생에서 결정적인 전환점을 맞이하게 된
다. 그는 마법에 걸린 산 몬트살밧(Montsalvat)에 가게 된다. 그
곳에서 번쩍이는 통 주변에서 벌어지고 있는 신비로운 의식과 중
병에 시달리고 있는 늙은 남자, 어부왕을 만나게 된다. 파르치발
이 친절하게 그의 상태를 물어보았더라면 그 늙은 남자는 병이 나
았을 것이고 파르치발은 새로운 성배왕이 되었을 것이다. 그러나

그는 몸에 밴 정중함으로 인해 아무 말도 건네지 않고 다음날 다시 떠나야만 한다. 그 이후로 그는 모든 정성을 다해 끊임없이 성배를 찾으러 다닌다. 그런데 갑자기 그와 더불어 모든 아더왕 기사들이 성배를 찾으러 나서게 된다. 성배는 동경과 꿈의 최고 목적이 된다. 성배는 구원과 불멸을 대표하며 세속의 왕권과 기독교적인 영원한 영혼의 구제가 이상적으로 조합되어 있다. 파르치발 서사시에서 영웅은 결국 그 사이에 더 성숙해지고 현명해지게 되고 정복해야 할 두 번째 기회를 맞이하게 된다.

이와는 반대로 테세우스(Theseus)는 그의 인생에서 결정적인 순간을 맞이하지 못하며 더 고귀한 가치를 찾아 나서지도 않으며 그의 모든 모험들과 함께 오히려 퇴색되어져 간다.

> ### ✖ 아는 척하기
>
> 성배 탐색에 나선 친위대
> 전설에 따르면 중세 카타리파(Katharer)는 남프랑스에 있는 몬세규르가 함락되었을 때 성배를 그들의 최후 은신처로 가져갔다고 한다. 친위대(SS)의 지도자 하인리히 히믈러(Heinrich Himmler)는 그곳에서 몰래 사라진 성배를 찾기 위해 땅을 파게 했다. 히틀러는 성배가 전쟁의 향방에 영향을 줄 것으로 생각했다.

불멸의 비밀

불멸과 영원한 젊음은 거의 모든 문화들의 신화와 동화 속에서 의미를 지닌다. 1513년에도 푸에르토리코(Puerto Rico)의 총독 폰스 데 레온

(Ponce de Leon)은 인디언 추장 아타마라가 이야기 해 주었던 전설적인 젊음의 샘물을 찾고자 했다. 찾는 도중에 그는 한 노인에게 조금 더 상세히 알고 있는지를 물었다. 노인은 다음과 같이 대답했다. "내가 그렇게 보이시오?"

2. 신들의 노리갯감-방랑과 근친상간

그리스인들, 특히 비극작가들은 운명과 신들의 노리갯감이 분명했던 영웅들을 좋아했다. 호머의 오디세이는 다음과 같은 비난으로 시작한다. '보러 와라, 그러면 죽게 되리라! 올림포스의 신이여, 당신에게는 그에 대한 연민이라고는 없단 말인가? 오디세우스가 항해 중에 트로이아의 광대한 들판에서 죄 값을 충분히 치르지 않았던가? 제우스 당신은 왜 그렇게 화를 내는가?' 물론 제우스는 즉시 자신을 변호한다. 그가 오디세우스를 박해한 것이 아니라 그의 형제인 포세이돈이 그를 저주했다는 것이다. 그러나 포세이돈을 진정시키고 오디세우스를 집으로 돌아가게 할 신들의 고문관 한명을 초빙했다고 변호했다.

맹세에 얽매여서

오디세우스는 트로이 전쟁터로 갈 마음이 없었다. 그래서 그는 미친 척했다. 소에 쟁기를 매어 밭에 소금을 뿌렸다. 그런데 그리

스인들은 그것을 그
만두게 하지 않았다.
그들이 오디세우스
의 아들 텔레마크
(Telemach)를 쟁기
앞에 앉혀두자 오디
세우스는 아들을 죽

트로이 전쟁에서 집으로 돌아오는 길에 오디세우스와 그
의 전사들은 사이렌의 유혹들을 물리쳐야만 한다.

일 수 없어 중지하게 되고 미치지 않았음을 고백해야만 했다.

그가 전쟁터에 나가는 것을 거부할 수 없었던 것은 서약에 묶여있었기 때문이다. 아름다운 여인 헬레나의 아버지는 똑똑한 사람이었다. 그의 매력적인 딸에게 살해와 죽음이 있게 될 것을 막기 위해서 그는 사위가 될 수 있는 모든 그리스 영주들에게 누가 헬레네의 남편이 되든지 간에 그를 위해 끝까지 헬레네를 지키겠다는 서약들을 하게 했다.

오디세우스는 전쟁을 끝내기 위해서 모든 것을 했다. 전사들로 채워진 거대한 목마를 만들게 한 것은 그의 생각이었다. 트로이군들은 목마를 아테나여신에게 제물로 바치는 척 하면서 성안으로 끌고 들어간다. 그런데 전쟁은 그것으로 끝나지 않는다. 그는 10년 동안 바다를 떠돌며 방랑을 하게 된다.

1. 트라키아의 해안지역을 항해하던 중 키콘(Kikonen)족들과 싸운다.

2. 그의 동반자들이 리비아에서 연꽃 열매를 먹고 그들의 고향을 잊어버린다.

3. 사이클로프스의 동굴 속에 갇힌다. 오디세우스가 그를 술에 취하게 해서 불이 붙은 기둥으로 그의 눈을 멀게 하고 사이클로프스의 산양 복막에 있는 그의 친구들과 함께 도망친다.

4. 이오우러스(Aeolus)가 그에게 고향으로 데려다 줄 바람자루를 선물한다. 부하들이 그 자루를 열게 된다.

5. 라이스트루곤(Laestrygon)이라는 식인 거인들과 싸운다.

6. 마법사 키르케(Kirke)가 그의 부하들에게 마법의 술을 먹인 다음 지팡이로 때려서 돼지로 변하게 한다. 그는 부하들을 구하고 그곳에서 일 년 동안 산다.

7. 키르케의 권고에 따라 죽은 사람들의 세계 앞마당인, 킴메르인들의 땅으로 간다. 그곳에서 그는 어머니와 예언자 테이레시아스의 영혼을 마력으로 불러낸다.

8. 매력적인 노래를 부르는 사이렌들이 사는 섬을 따라 항해한다. 오디세우스는 불행을 피하기 위해서 부하들의 귀를 막고 자신을 돛대에 묶는다.

9. 위험한 소용돌이 괴물들인 스킬라(Scylla)와 카리브디스(Charybdis) 사이를 지나간다.

10. 그의 부하들이 태양신의 무리들에게 폭력을 가한다. 그래서 제우스가 그들을 죽이고 배를 파괴한다.

11. 오디세우스는 칼립소의 섬으로 간다. 그녀는 그를 붙잡고 싶어 했으며

그 대신 그에게 불멸을 약속한다. 칠년 째 되는 해에 신들은 그의 호소를 듣고 칼립소에게 그를 뗏목에 태워 떠나도록 내버려 두게 한다.

12. 포세이돈이 뗏목을 파손시켜버린다. 오디세우스는 바다여신 레우코테아(Leukothea)의 도움을 받는다.

13. 그는 파이아켄인의 해안에 도착한다. 그곳에서 왕의 딸 나우시카(Nausikaa)가 그를 발견한다. 결국 그는 이타카로 돌아가기 위해 배한 척을 얻는다.

14. 오디세우스는 거지로 변장하고 구혼자들 무리 속에 섞여 들어간다. 그는 자신의 거대한 활로 열 두 개의 도끼들에 난 구멍을 맞추는 시험에 합격한다. 그러고 나서 그는 아들 텔레마코스와 충실한 부하인 돼지치기 에우마이오스(Eumaios)와 함께 모든 구혼자들을 죽인다.

지그문트 프로이트: 그리스인들에게 오이디푸스 왕은 그의 아버지들의 죄를 대신해서 벌을 받았던 것이었다. 오이디푸스는 코린트(Korinth) 왕의 아들로 자랐다. 후에 델피의 신탁이 그가 자신의 아버지를 죽이고 어머니와 결혼하게 되리라는 것을 예언하자, 그는 코린트를 몹시 피하게 된다. 그러나 그는 이를 피하려고 방랑하다가 좁은 길에서 한 노인을 만나 사소한 시비 끝에 그를 죽이고 말았다. 그 노인이 곧, 테베의 왕 라이오스(Laios)이며 자신의 부친이었다. 그 후에 오이디푸스는 테베인들을 위험한 스핑크스라는 괴물로부터 해방시켜주고 그 대신 아름다운 왕비 로카스테(Lokaste)와 결혼을 하고 스스로 왕이 된다. 그는 똑똑하고 올바른 통치를 한다. 그러나 걱정거리들이 도시를 괴롭힌다. 오이디푸스는

사건의 실태를 규명한다. 마침내 그는 자신의 어머니와 결혼 한 사실을 알게 된다. 로카스테는 목을 매달아 죽는다. 오이디푸스는 두 눈을 뽑아내고 도시를 떠난다. 앞을 못 보는 노인으로서 여기저기 방랑할 때 딸 안티고네가 그를 안내해준다. 테베에서는 그 사이에 그의 아들들이 왕권을 놓고 다투고 있었다. 그들은 각각 일 년 동안 통치할 것을 약속했다. 그런데 에테오클레스(Eteokles)가 왕위를 반납하려고 하지 않는다. 그의 형제인 폴뤼네이케스(Polyneikes)는 일곱 명의 용사들과 함께 테베를 공격한다. 한 신탁에 따르면 오이디푸스의 축복을 받은 자가 이기게 될 것이라고 했다. 그러나 오이디푸스는

그리스 이름 오이디푸스는 원래 '퉁퉁 부은 발'이라는 뜻이다. 그는 아이었을 때 두 발에 구멍을 뚫었었다.

더 이상 참을 수가 없었다. 그는 아테네의 테세우스 왕에게 도움을 청하고 그의 축복을 새로운 도시에 선사해준다. 테베에서는 그사이에 그의 아들들이 서로 싸우다가 죽는다.

강제로 영웅이 되다

다른 영웅들도 자유의지로 영웅적인 생애를 살았던 것은 아니다. 특히 그리스의 작가들은 악한 신탁의 저주 하에 있었던 영웅들에 매료되었다. 가령 페르세우스(Perseus)는 그의 할아버지 아르고스(Argos)의 왕에 의해서 추방되었다. 한 예언에 따르면 손자

가 그를 죽일 것이라고 했다. 그래서 왕은 그의 딸 다나에(Danae)를 지하 감옥 속에 가둔다. 그런데 제우스가 황금비로 변신해서 들어온다. 분노한 아버지는 딸과 손자를 상자에 넣어 바다 속에 던진다. 그들은 구출되지만 아름다운 다나에를 차지하려고 하는 자에 의해 그녀의 아들 페르세우스는 보는 순간 모든 것이 돌로 변해 버리는 메두사의 머리를 베러가게 된다. 그러나 페르세우스는 신들의 보호를 받게 된다. 헤르메스는 그에게 요술두건, 날개 구두, 요술 가방을 마련해 준다. 아테네는 그에게 자고 있는 메두사 뒤쪽으로 다가가서 그의 방패를 거울로 이용할 수 있는 방법을 알려준다.

그는 집으로 돌아오는 길에 날개신발을 신고 에티오피아 왕의 딸인 아름다운 안드로메다(Andromeda)가 용의 제물로 매달려 있는 암벽을 지나가게 된다. 페르세우스는 괴물과 싸워 이기고 안드로메다와 함께 아르고스로 돌아온다. 그는 할아버지와 화해하지만 후에 우연히 원반던지기 대회에서 그를 죽이게 된다.

북미의 인디언들과 이뉴잇족은 물활론적인 세계관을 가지고 있었다. 그들은 모든 자연에 영혼이 깃들어 있다고 믿었다. 동물들은 인간의 형제이며 인간들과 같은 가치를 지닌다고 여겼다. 신화의 영웅들은 종종 인간이나 동물의 형상일 수 있다. 이뉴잇족은 심지어 인간과 동물이 더 이전 시대에는 함께 살았으며 같은 언어를 사용하고 서로 결혼도 하고 종종 모습을 교환하기도 했다고 믿었다. 무엇보다 인간과 유사한 송곳니를 가지고 있는 북극곰은 더 가까운 친족으로 여겼다.

개개 인간들이나 혹은 씨족들은 종종 토템신앙의 숭배동물을 가지고 있었다. 그들은 그 동물과 특별히 연관되어 있다고 느꼈으며 어떤 경우에도 죽여서는 안 된다고 생각했다. 많은 인디언 종족들의 경우 성년식 때 아이들을 황야로 보내서 그들의 토템 동물이 모습을 드러낼 때 까지 금식하고 기도하면서 지내야만 했다. 사람들은 이 동물들의 치아나 깃털과 같은 일부들을 약봉지에 넣어서 수호물처럼 지니고 다녔다. 씨족들의 토템 동물들은 큰 나무 기둥으로 조각되어지기도 했다.

동물들과의 이러한 긴밀한 연관성에도 불구하고 모든 종족들은 사냥으로 먹고 살았다. 그렇지만 그들은 종족의 생존을 보존해 주기 위해서 잡은 동물들이 자발적으로 희생되었거나 혹은 동물들의 신이 그들을 보냈을 것이라고 믿었다. 이 때문에 그들은 자

신들이 죽인 동물들에게 감
사했으며 죽인 것에 대한
사죄를 구했다. 대개 죽은
동물의 일부는 제물로 받쳐
되돌려 주었다.

이뉴잇족은 겨울에 5일
동안 축제를 했다. 이 축제
때 죽은 바다표범의 방광을
얼음 속에 난 구멍들을 통해
서 바다여신 세드나(Sedna)

선조의 형상을 한 토템 신앙의 숭배물이 새겨지
고 그려진 기둥이 북미 종족들의 특징이다.

혹은 모든 동물들의 여신 눌리아주크(Nuliajuk)에게 다시 보냈다.
이로써 동물들이 다시 태어날 수 있게 하기 위해서였다.

황야에서 생존한다는 것이 당연한 것으로 여겨졌던 것이 아니
라 행복한 상황으로 여겨졌었다. 그래서 모든 죽은 동물들, 모든
발견된 샘물들이 선물로 여겨졌다. 자연은 거대한 전체, 하나의
살아있는 유기체로 간주되었다. 모든 인간, 모든 동물, 모든 식물
들이 그 자연의 일부일 뿐이었다. 자연의 영혼들은 기본적으로 호
의적이라고 생각했다. 그렇지만 그들은 인간들의 잘못된 태도로
인해 노할 수도 있으며 제물을 받쳐 화해해야만 했다.

거의 모든 종족들은 추상적인 어떤 더 높은 신이 있다고 생각
했다. 그 신은 이 우주의 총체적인 힘이며 그들의 정신적인 아버

지이자 최고의 창조주였다. 그러나 종종 그는 아주 멀리 있는 형상으로 이해되어졌다. 최고신의 생각들을 행사하는 세상의 실제적인 창조주는 흔히 어떤 다른 존재, 하나의 동물일 수도 있었다. 대개 그가 자신이 창조한 인간들에게 자연과 제대로 지내는 방법을 가르쳐 주었다. 남서 지역에는 코요테가, 숲 지대에는 토끼가, 그리고 알래스카에는 까마귀가 신화의 영웅이다. 자연의 힘은 가령 거대한 천둥새의 형상을 하고 나타나기도 했다. 라코타족의 경우 와칸 탕카(Wakan Tanka)라는 정령이 있었다. 대부분 종교적인 신념들이나 신화들은 서로 매우 철학적이고 도덕적인 관점과 매우 명백하고 민속적인 특징들을 내포하고 있다.

음악, 춤, 약물을 통해 무아지경에 이른 샤먼들이 제식의 전수자들이었다. 이 때 그들이 의식을 잃게 되면 사람들은 그들의 영혼이 영계로 갔을 것이라고 믿었다. 그러나 샤먼이 단지 위식이 몽롱한 상태일 경우라면 귀신들이 그에게 온 것이었다. 샤먼을 통해서 죽은 영혼들이 살아있는 자들과 말을 할 수 있었다.

3. 영웅들의 데이트-큰 전투들

   '여신이여, 펠레우스의 아들 아킬레우스의 분노를 노래하라. 죽음의 집에 전사의 영혼들을 몰아넣고 썩은 고기로 만들어버린 살육병기 아킬레우스.' 호머의 일리아드는 이렇게 시작한다. 그러면 끝은 어떨까? 트로이의 승리? 그렇지 않다.

아킬레우스의 분노에 대한 이야기

   일리아드는 트로이 전쟁이 시작 된 지 9년 째 되는 해 부터의 이야기다. 모두들 전쟁으로 지쳤으며 흑사병이 만연했다. 그것은 그리스인들이 아폴론 신전의 사제인 크리세스(Chryses)의 딸을 납치해갔기 때문에 아폴론이 내린 병이었다. 크리세스의 딸을 전리품으로 획득한 아가멤논은 그녀를 아버지에게 돌려주는 것을 거절한다. 흑사병이 그를 굴복하게 만들었다. 마음이 상한 아가멤논은 대신 아킬레우스의 여인을 데려간다. 그러자 아킬레우스는 전장에 나가지 않겠다고 맹세한다. 아킬레우스의 어머니인 바다의 여신 테티스가 제우스에게 아들의 분노를 호소하자 제우스는 아킬레우스가 없는 연합군을 계속 패하게 만든다.

   그러나 아킬레우스의 친구 파트로클로스(Patroklos)가 헥토르와의 싸움에서 죽임을 당하자 그는 이에 분개해 헥토르와 결투를 하게 되고 헥토르를 죽이게 된다.

아킬레우스는 파트로클로스를 위해 성대한 장례식을 거행해준다. 열 두 명의 트로이 포로들이 화형장의 제물이 된다. 그 후에 12일 동안 장례식 기념 경기를 치르게 되는데 이 때 아킬레우스는 승리자에게 귀한 상을 희사한다. 그러나 그는 매일같이 아침마다 세 번 무덤가로 헥토르의 시체를 질질 끌고 갔다. 제우스도 더는 참을 수가 없게 된다. 그는 프리아모스 왕에게 밤마다 그리스 진영에 몰래 들어가서 아들의 시체를 반환하도록 요구하라고 명령한다. 트로이의 붕괴, 즉 아폴론의 도움을 받은 파리스(Paris)의 화살에 맞아 아킬레우스가 죽었다는 설이 유명하다.

마니투(Manitu)

왜 아킬레우스는 그렇게 예민한 발꿈치를 갖게 되었을까? 원래 그의 어머니 테티스는 아킬레우스를 불사신으로 만들고자 했었다. 그래서 그녀는 신들의 음식인 먹으면 늙지 않고 죽지 않는다는 암브로시아(Ambrosia)를 향유로 삼아서 아들의 몸에 발라주었고, 또한 불속에 아킬레우스를 넣음으로써 죽음으로부터 자식을 보호하고자 했다. 하지만 이 방법은 실패하고 말았는데, 남편인 펠레우스가 그러한 행동을 방해했다. 그러자 테티스는 아들을 불멸의 존재로 만들기 위해 저승의 스틱스강(Styx)에 담갔다. 그러나 그녀는 아이의 한 부분을 손으로 잡고 있어야만 했다. 그것이 바로 오른쪽 발꿈치였다.

모두가 영웅이다

그런데 물론 아킬레우스만 중요한 인물은 아니다. 호머는 마침내 민족 대서사시를 만들어 냈으며 이를 의도했을 것이다. '신적인 펠리데(아킬레우스)' 만이 영웅이 아니라 다른 모든 이들도 영웅으로 그려진다. '호전

아킬레우스는 트로이의 가장 용감한 영웅이었다.

적인 메넬라오스(Menelaos)', '힘이 센 아이아스(Ajax)', '당당한 영웅 디오메데스(Diomedes)', '책략가인 오디세우스', '숭고한 네스토르(Nestor)'. 그리고 상당히 호감가지 않는 아가멤논이 그리스군의 총지휘관이 된다. 헥토르, 파리스, 헬레나 편인, 반대 측이 덜 숭고한 것은 아니다. 일리아드는 그 속에 모든 세세한 것들이 숭고하게 그려져 있는 거대한 작품이다.

얼스터(Ulster)의 갈색 황소

아일랜드에서는 코노트(Connacht)와 얼스터사이에 큰 다툼이 있었다. 코노트 쪽에서는 700명 남자의 힘을 가진 영웅 퍼거스(Fergus)가 한 인간 아버지의 아들이면서 동시에 신 루(Lugh)의 아들이기도 한 얼스터의 쿠쿨린(Cu Chulainn)에 맞서 싸운다. 그

들은 한 때 친구였다. 그런데 콩코바(Conchobar)왕이 퍼거스를 불공정하게 다루어 나라에서 내쫓고 코노트의 무서운 여왕 메이브(Maeve)에게 보낸다. 그녀는 너무나 탐욕스러워서 힘이 센 퍼거스도 그녀를 한 번도 만족 시킬 수가 없다.

원래 메이브는 남편의 하얀 뿔 황소와 시합을 해서 이기기 위해서 얼스터의 갈색 황소를 약탈하고 싶었다. 어쨌든 그 결과는 수년 동안 폭력적인 전투를 일으켰으며 그 전투들 중에 한 때 쿠쿨린은 혼자 코노트를 대항해서 자리를 지키게 된다. 결국 메이브는 그의 수양형제인 페르디아드 (Fer Diadh)를 그와 대항해서 싸우도록 보낸다. 둘은 삼일 동안 싸운다. 그러나 밤에 페르디아드는 쿠쿨린에게 늘 먹을 것을 보내주고 쿠쿨린은 그 대신 상처를 낫게 해주는 약초를 보내준다. 사일 째 되는 날 쿠쿨린은 자신만이 사용할 수 있는 가이 볼가 (Gae Bolga)라는 창을 꺼낸다. 페르디아드는 죽고 쿠쿨린은 비탄의 노래를 부른다. 그러나 퍼거스와의 큰 싸움은 일어나지 않는다. 퍼거스는 쿠쿨린과는 절대로 싸우지 않을 것을 맹세 했으며 충실하게 그것을 지킨다.

결국 메이브는 그녀의 적을 정복하기 위해서 계략을 짠다. 그녀는 쿠쿨린이 죽인 전사 카일리딘(Cailidin)의 아이들에게 마법을 배우도록 스코틀랜드로 보낸다. 엉겅퀴, 말불버섯, 시든 나뭇잎으로 전사를 만들어서 쿠쿨린에게 환영을 보이게 한다. 쿠쿨린은 전쟁에서 패하고 카일리딘의 아들들이 쏜 마법의 화살에 의해서 상처를 입는다. 그는 죽음을 감지했을 때 꼿꼿이 서서 죽기 위해서 기둥 하나에 단단히 매달린다.

트로이는 부유한 상업도시였다. 기원전 1280년 알락산두(Alaksandu) 왕은 왕권을 유지하기 위해 히타이트와 봉신계약을 맺는다. 그러나 히타이트왕국은 기원전 1200년경에 몰락한다. 얼마 뒤에 트로이는 미케네에 의해서 멸망했을 것이다. 호머는 그리스에 대해서 이야기 하고 있지만 여러 세부 사항들이 그리스 문화가 아니라 미케네 문명에서 유래한다. 가령 전차나 혹은 맞바람이 불 때는 항해할 수 없는 납작한 배 등이 그러하다.

4. 영웅 그 이상
—반인반신, 화신, 고대의 신들

영웅숭배는 그리스에서 하나의 지역적인 일이었다. 모든 도시는 자신들의 영웅을 가지고 있었다. 단지 한 영웅만이 모든 곳에서 숭배되었다. 바로 헤라클레스였다. 그는 로마에서 더욱더 사랑받는 영웅이기도 했다.

태어나면서부터 박해받다
헤라클레스는 반인반신으로 태어났다. 그의 아버지 제우스는 알크메네의 남편인 암피트리온의 모습을 하고 고결한 알크메네를 찾아간다. 헤라클레스는 제우스와 알크메네 사이에서 태어났다. 헤라클레스는 왕이 되지 못했다. 제우스는 페르세우스의 왕가에서 태어나는 첫째 아이가 그리스를 지배하는 지배자가 될 것이라고 미리 예언했다. 그러나 화가 난 헤라가 헤라클레스의 사촌이 태어날 때까지 알크메네의 진통을 지연시킨다. 헤라클레스가 태어난 후에도 헤라는 그를 질투하여 아기인 헤라클레스가 있는 곳에 두 마리의 뱀을 보내지만, 헤라클레스는 두 마리의 뱀을 손으로 목 졸라 죽인다. 그는 음악 선생님 머리위로 리라(Lyra)를 던진 벌로 목동들에게 보내진다. 그곳에서 그는 가축 떼를 습격한 사자들을 죽이고 목동들과 친구가 된다.

악덕 혹은 미덕

그가 목동으로 지내는 동안 신들은 힘 센 젊은이에게 선택을 하도록 한다. 힘들고 어려운 미덕의 길을 갈 것인가 혹은 넓고 안락한 악덕의 길을 갈 것인가? 헤라클레스는 미덕을 선택한다. 그런데 헤라는 괴롭힘을 멈추지 않는다. 헤라클레스가 왕의 딸 메가라(Megara)와 결혼을 하고 아이들을 낳자 헤라는 그를 가족을 살해하는 미치광이가 되게 한다. 헤라클레스는 자신이 한 행동을 알아차렸을 때 깊은 절망에 빠져 델피로 순례여행을 떠난다. 델피의 신탁은 그를 아르고스의 에우리스테우스(Eurystheus)왕에게 보낸다. 그는 죄를 사하기 위해서 12년 동안 에우리스테우스 왕을 모셔야만 한다.

12가지 과업과 더불어 헤라클레스는 성급한 자임을 드러내는 몇 가지 일을 더 행한다. 에우리스테우스가 약속한 대로 그의 딸 이올레(Iole)를 헤라클레스의 부인으로 주려 하지 않자, 헤라클레스는 델피의 신탁을 찾아가 난동을 피우고 심지어 아폴론과 격투를 벌인다. 제우스는 둘을 번개로 갈라놓아야만 했고 헤라클레스에게 3년 동안 여장을 하고 리디아의 옴팔(Omphale)여왕을 모시라고 벌한다. 영웅은 최선을 다해 그녀를 모신다. 그는 옴팔 여왕을 위해 더 많은 것들을 완수하고 그녀와 리디아의 미래 왕들을 낳는다. 헤라클레스는 모험 중에는 거친 영웅에 속하지 않는다. 희극에서는 술을 좋아하고 영리하지 못하나 많은 연애사를 가진 호감 가는 불량배로 그려진다. 그는 며칠 밤 안에 테스피오스(Thespios)왕의 50명이나 되는 딸들과 동침했다고 한다. 그러나 다른 영웅들과 달리 그는 여인을 납치하지는 않는다.

올림포스 산의 화형장

헤라클레스의 부인 데이아네이라(Deineira)는 괴물에게 괴롭힘을 당하고 있었다. 헤라클레스가 그를 쏘아 죽이지만 괴물은 죽어

가면서 데이아네이라에게 자신의 피로 사랑의 묘약을 양조할 수 있다고 거짓을 꾸며 얘기한다. 헤라클레스가 얼마 후에 전쟁포로로 이올레를 잡아오자 데이아네이라는 그에게 피를 섞은 음료를 마시게 한다. 영웅은 참을 수 없는 고통에 시달리다가 화형장을 만들어 스스로 불길 속으로 뛰어들려고 한다. 그러나 아테네가 그를 구해 올림푸스 산으로 데려온다. 그곳에서 그는 나중에 불멸의 존재가 되며 청춘의 여신 헤베(Hebe)의 남편이 되어서 살게 된다.

비슈누의 화신

인도 신화에서 가장 사랑받는 영웅들은 비슈누 신의 화신으로 여겨진다. 라마(Rama)가 그 첫 번째 인물이다. 그는 왕인 아버지가 죽은 후에 계모에게 쫓겨난다. 막 그가 고행자가 되려고 하는 순간 그는 저항할 능력이 없는 은자들의 수호자가 된다. 그런데 어느 날 한 악마가 그의 부인 시타(Sita)를 납치한다. 그의 형제와 추빙된 원숭이 왕의 첫째 장관인 원숭이 모습을 한 신 하누만(Hanuman)과 함께 라마는 아내를 찾아 모험을 시작한다. 결국 그는 왕이 되고 천 년 동안 바르고 현명하게 나라를 통치한다.

비슈누의 두 번째 크리슈나(Krishna)는 목동들 속에서 자란다. 그는 한 악마에게서 생명의 부종을 빨아먹으며 늘 버터를 훔치는 거친 아이였다. 이웃들이 이를 불평하자 그의 어머니는 그를 나무

통에다 묶는다. 그러나 그는 금방 나무를 뿌리 채 뽑아 버린다. 나중에 모든 양치기 여인들이 그와 사랑에 빠진다. 그가 피리를 불면 그녀들은 남편을 떠나 홀로 그와 함께 춤을 추고 있다는 망상을 하게 된다. 그러나 라다(Radha)에 대한 그의 사랑은 신화적으로 미화된다. 크리슈나도 많은 악마들을 죽인다. 결국 그는 한 격투에서 그의 유일한 약점인 발바닥을 맞아 죽는다.

헤라클레스의 12가지 과업

아르고스 왕의 명령에 따라 헤라클레스는 그를 불멸로 만들어 주는 영웅적인 행동들을 하게 된다. 그리스의 비극시인 에우리피데스(Euripides)는 이 이야기를 다음과 같은 말로 표현한다. '그는 우리를 두려움의 야수들로부터 자유롭게 해준다.'

1. 그는 네메아의 사자를 퇴치한다.
2. 레르네(Lurnae)에 사는 머리가 아홉 개 달린 물뱀이며 머리가 잘리면 곧 두 개의 새로운 머리가 자라나는 히드라를 퇴치한다.
3. 케리네이아(Ceryneia) 산중에 사는 사슴을 산 채로 잡는다.
4. 에리만토스 산의 멧돼지를 산 채로 잡는다.
5. 스팀팔로스(Stymphalus)의 인간을 잡아먹는 괴물 새를 퇴치한다.
6. 아우게이아스(Augeas)왕의 거대한 가축우리를 두 물줄기를 끌어다가 외양간으로 흐르게 하여 하룻밤 안에 청소한다.
7. 크레타의 미친 황소를 산 채로 잡는다.
8. 디오메데스(Diomedes) 왕 소유의 사람 잡아먹는 말들을 산 채로 잡

아와 길들인다.

9. 아마존 여족의 왕 히폴리테(Hippolyte)의 허리띠를 가져온다. 그녀는 정중하게 그 허리띠를 헤라클레스에게 주기로 했다. 그런데 헤라 여신이 아마존 여인들을 선동해서 큰 싸움이 일어나게 되고 히폴리테는 죽는다.

10. 몸뚱이가 세 개인 거인과 머리가 두 개인 개와 싸워서 이긴 후에 게리온(Geryon)의 소를 훔쳐 온다.

11. 세상의 끝에 있는 헤스페리데스(Hesperides)의 사과를 따온다.

12. 저승을 지키고 있는 케르베로스를 잡아왔다가 나중에 다시 그곳으로 데려다 준다.

아프리카—검은 대륙

전 아프리카에는 1000개 이상의 어족이 있다. 많은 신화들이 전 대륙에 걸쳐 존재한다. 추상적인 한 창조주에 대한 상상, 쌍둥이 형상을 한 이원론, 우주 뱀이 여기에 속한다. 그 외에도 거의 모든 종족들은 자신들의 역사를 설명하는 이야기를 가지고 있다. 상당히 많은 이야기들이 초기 역사에서 떠도는 이야기들을 연구하는 데 근거를 실제로 제공한다. 서남 아프리카의 코이코이족은 그들이 이전

아프리카 종족 예술은 그들의 조각상들 속에서 신화를 드러내고 있다.

에 사하라가 푸르렀던 당시에 어떻게 살았었는지에 대한 이야기를 전한다.

함셈어족 신화에서는 자신의 몸에서 우주가 창조되었다는 우주 뱀이 큰 역할을 한다. 이와는 대조적으로 나일 사하라어족의 경우 신화는 세상의 기원에 몰두해 있지 않다. 그 대신 씨족이나 종족의 생성에 관한 이야기들이다. 종종 동물들이 중요한 역할을 하는데 가령 그들 중에는 사람과 동물 쌍둥이가 있다. 중앙 아프리카와 동남 아프리카에 살고 있는 반투족의 경우 사회질서와 왕권이 중요하다. 또한 복잡한 조상숭배가 있기도 하다. 은퇴했으나

고귀한 신이 세상의 창조주로 여겨진다. 특히 도곤족(Dogon)이나 요루바족(Yoruba)과 같은 나일-콩고 지역의 종족들이 다양하고 상이한 신화들을 가지고 있다. 이 신화들은 인도나 혹은 중미 이야기들을 떠올리게 한다. 우주속의 이원론이 대개 한 쌍의 쌍둥이를 통해서 의인화 된다. 이와는 다른 서남아프리카의 코이코이족 신화는 단편적으로만 보존되어 있는데 대개 동물들이 중요한 역할을 한다.

많은 아프리카 신화들은 하늘과 땅은 일찍이 밧줄로 연결되어 있었으나 인간의 사악함이나 혹은 몇몇의 과오로 갈라졌다고 이야기 한다. 창조 역시 종종 일부가 규칙을 준수하지 않아서 실패했다고 한다. 이러한 저해요소들을 완벽하지 않은 세상에 대한 해명으로 여겼다. 인간의 과제는 혼란을 감소시키고 세상을 가능한 한 원래 신이 원했던 질서에 더 가까이 다가가도록 하는 것이다.

인간들의 건방진 모습으로서 종종 거대한 탑을 건설하는 신화들이 등장하곤 한다. 콩고에서는 인간들이 처음에 고귀한 신과 같은 마을에서 살았다고 전하고 있다. 그러던 어느 날 인간들의 시끄러운 다툼들이 언짢았던 신은 배고픔, 추위, 병, 죽음에 노출된 지상으로 그들을 보냈다. 그래서 인간들은 하늘까지 닿는 탑을 만들고자 시도했다. 먼저 하늘에 닿은 인간들은 아래에 있는 자들에게 그들의 성공을 알렸다. 그러나 또 다시 너무나 소란스러워지자 신은 그들을 죽이고 탑을 파괴해버렸다.

아프리카의 가장 유명한 술책가는 요루바족에게는 에슈(Eschu)라고, 다른 종족들에게는 에레그바(Elegba)라고 불리는 자다. 그는 고향이 없는 영혼으로 시장터, 문간, 교차로를 떠돌아다니며 그곳에서 변화들을 발견할 수 있었다. 장난꾸러기 틸 오일렌슈피겔(Till Eulenspiegel)처럼 그는 조잡한 사기도 꺼리지 않는다. 가령 그는 가옥에 불을 지른다. 거주자들이 그들의 소유물을 구하려 하고 있을 때 그는 물건들을 감시하겠다고 제안한다. 그러나 그는 그 일을 하지 않고 지나가는 사람들에게 그것을 나눠준다. 태양도 달도 그들의 집을 바꾸자는 그의 말에 설득 당한다. 에슈에 관한 이야기들은 늘 말도 안 되는 수많은 세목들이 첨가되어 있다. 가령 '그가 누우면 머리가 지붕에 닿는다. 그가 똑바로 설 경우 요리 냄비를 들여다 볼 수가 없다.' 등과 같은 이야기들이다.

아일랜드의 신적인 영웅들

아일랜드 전설 속에서는 종종 신들이 영웅이 된다. 내구(來寇)의 서(書)는 노아의 홍수로 인한 많은 이주의 물결에 대해서 이야기 하고 있다. 그들 중 하나가 여신 다누의 일족들인 투아하 데 다난(Thuata de Dannan) 신족이다. 그들은 일반적인 켈트 영웅들과 같았으나 거의 모두 고대 켈트 신들의 이름을 가지고 있었다. 그들의 통솔자 누아다(Nuadha)는 전쟁에서 한 손을 잃는다. 의수 때문에 누아다는 왕위를 물러난다. 누아다를 대신하여 브레스(Bres)가 지배자가 되었으나 악정(惡政)으로 미움을 사게 된다. 그는 가령 다그다(Daghha)에게 도랑 파는 일을 시켜 굴욕감을 준다. 결국 그는 거대한 양의 오트밀을 다 먹어치워야만 했으며 다 먹고 난 후에 곧 아름다운 여인을 그의 곁으로 보낸다. 그러나 그의 배가 너무나 부풀어 올라서 더 이상 그녀와 잠자리를 함께 할 수 없다. 그런데 한 시인이 브레스의 사악한 행동들을 폭로했고 그는 물러나야만 했다. 그는 복수심으로 어둠의 포워르족을 이끌고 투아하 네 다난 족과 맞선다. 의신 디안 케트(Dian Cecht)가 은으로 누아다에게 새 팔을 만들어 주고 누아다는 다시 왕이 될 수 있다. 그러나 그는 모든 것을 다 할 수 있는 한 낯선 자 덕분에 물러난다. 그는 강한 전사였을 뿐만 아니라 하프 연주자, 설계자, 시인, 마법사, 의사이기도 하다. 그가 바로 포워르의 우두머리 발라르(Balar)의 손주 루(Lugh)다. 발라르는 손자의 손에 죽을 것이라는 예언을 들었다. 그래서 그는 딸을 동굴 속에 가두지만 그녀는 아이를 임신하게 된다. 발라르는 아이들을 바다 속에 던지지만 루는 구출된다. 큰 전쟁에서 그는 독기가 깃든 이글거리는 눈으로 수천 명의 병사를 죽일 수 있는 할아버지의 사악한 눈에 돌을 던져 감게 만든다. 포워르족은 바다 속으로 내쫓기게 되고 투아하데 다난 족은 그 다음 침략에서 패하게 된다. 이로써 다른 세상이 만들어진다.

5. 니벨룽의 고난뿐만 아니라
-영웅서사시 속에서의 비극적인 사랑

영웅들은 그들의 모험에서 무언가를 위해 온 힘을 기울이고 싶어 한다. 대부분의 영웅 이야기에서 그 대상은 늘 한 여인이거나 혹은 크림힐트(Kriemhild)와 브룬힐트(Brunhild)처럼 두 여인이기도 하다.

용의 심장

고대 스칸디나비아 이야기에서는 아버지가 없는 시구르트(Sihurd)가 마법에 능한 난쟁이 레긴(Regin)에게서 자란다. 레긴은 어느 날 시구르트에게 용의 형상을 하고 어마한 보물을 지키고 있는 친형을 죽이라고 고무한다. 시구르트는 그를 정말로 죽이고 레긴을 위해 용의 심장을 불에 구웠다. 그러나 그가 심장을 만지자 새들의 말을 이해하게 된다. 새들은 그에게 용의 강함을 얻을 수 있도록 심장

니벨룽의 노래에 나오는 영웅 지그프리트는 북유럽 신화에서는 시구르트(Sigurd)로 불린다.

을 먹고 레긴을 죽이라고 권고한다. 덧붙여 그들은 오딘의 뜻을 거역하고 한 전사에게 승리를 가져다주고 불꽃 속에 잠들어 있는 아름다운 전쟁의 여신 브룬힐트에 대해서 이야기 해 준다. 시구르트는 불길 속으로 말을 타고 가서 브룬힐트를 깨운다. 물론 그 둘은 사랑하게 된다.

간계와 질투

불화는 기우키(Giuki) 왕을 방문하는 데서 시작한다. 그의 부인 크림힐트는 시구르트에게 망각의 음료수를 건네고 파브니르(Fafnir) 보물의 소유자인 시구르트에게 그녀의 딸 구드룬(Gudrun)을 판다. 그런데 구드룬의 오빠인 군나르(Gunnar)는 브

룬힐트를 얻고 싶었지만 불길 속으로 말을 타고 갈 용기는 없었다. 그래서 시구르트가 군나르로 변해서 자신의 예전 애인을 불속에서 데려온다. 브룬힐트는 복수심에서 군나르에게 시구르트가 그녀와 잔 사실을 이야기 한다. 군나르는 시구르트와 의형제를 맺었기 때문에 그에 맞서 싸울 수가 없었다. 그렇지만 그의 형제 구토름(Guttorm)이 대신 싸우다가 둘 모두 서로를 죽이게 된다. 브룬힐트는 시구르트의 화형터에서 분신자살한다.

중세초기의 독일 '니벨룽의 고난' 에서는 지그프리트가 먼저 지금은 그림힐트(Griemhild)라고 불리는 구드룬과 결혼하기 전에 브룬힐트와 관계를 가진다. 그러나 중세후기에는 브룬힐트가 전혀 나타나지 않는다. 그는 멋진 영웅이 되어 크림힐트와 사랑에 빠지고 그녀와 결혼하게 된 곳인 보름스로 간다. 그는 요술두건의 힘을 빌려 아이슬란드 여왕 브륀힐트를 얻기 위해 그녀의 구혼자들과 시합을 하는 군터(Gunther)를 도와준다. 결혼식 날 밤에도 지그프리트는 연약한 군터가 그녀와 혼인을 완성할 수 있기 전에 한 번 더 강한 브륀힐트를 제압해야만 한다. 몇 년이 지난 후 두 명의 여인이 교회 문 앞에서 싸우게 된다. 브륀힐트는 그녀의 남편 군터가 지그프리트를 자신의 부하로 소개했기 때문에 먼저 교회 안으로 들어가고 싶어 한다. 크림힐트는 요술두건 이야기로 반격한다. 치명적인 모욕을 당한 브륀힐트는 지그프리트의 살해를 요구한다.

사랑의 4중주

아더왕도 매력적인 영웅들이 자신 주변에 모여 있는 것이 얼마나 위험한가를 경험한다. 란슬롯(Lancelot), 가웨인(Gawain), 퍼시발이 그들의 모험으로 명성을 날리는 동안 그는 중심에서 밀려나 있다. 아더왕의 부인인 아름다운 귀네비어(Guinevere) 왕비는 멋진 영웅 란슬롯과 사랑에 빠진다.(그러나 크레티앙 드 투르아의 소설에서 비로소 등장하는 이야기다.) 트리스탄과 이졸데와 더불어 그들은 중세 문학에 있어 환상의 커플로 여겨졌다. 물론 커플들을 서로 만날 수 있게 하기 위해서는 두 이야기를 서로 연결할 수밖에 없었을 것이다. 트리스탄과 이졸데는 마르크(Marke)로부터 도망가던 중에 란슬롯의 성에서 도피처를 발견하게 되었다고 한다.

마법적인 사랑—비극적인 사랑

스칸디나비아의 시구르트처럼 신화 속에서 많은 연인들이 마법의 음료수와 요술의 희생자가 된다. 가령 아일랜드 신화에는 아름다운 디어마이트(Diarmait)가 있다. 그는 이마에 사랑의 반점이 있

사랑의 묘약을 마시고 트리스탄과 이졸데는 서로 사랑에 빠진다.

어서 그를 쳐다보는 모든 여인들이 필연적으로 그를 사랑하게 된다. 불행히도 막 결혼식 중인 늙은 영웅 핀(Finn)의 어린 신부 그레인느(Graine)에게 그런 일이 일어났다. 그녀는 디어마이트에게

그녀와 도망가자고 요구한다. 그러던 중 디어마이트도 그레인느와 사랑에 빠지게 된다. 나중에 젊은 영웅은 한때 자신의 양형제였던 수퇘지 한 마리로 인해 다치게 된다. 그는 핀의 움푹 팬 손에서 나온 물을 마시면 치유될 수 있었다. 핀은 그에게 물을 건네준다. 그러나 그레인느를 떠올리게 되자 마지막 순간에 물을 손가락 사이로 흘려보내 버린다. 두 번이나 이를 반복한다. 디어마이트는 죽는다.

퍼거스는 왜 코너트를 위해서 싸웠을까?

얼스터의 콩코바 왕의 하프 연주자인 페드리미드(Fedlimid)는 어느 날 딸 하나를 얻게 되었다. 그녀는 아일랜드에서 가장 아름다운 여인이 될 것이나 얼스터의 많은 영웅들의 목숨을 앗아갈 것이라는 예언이 있었다. 그러자 많은 사람들은 어린 디어드레(Deirdre)를 죽이자고 요구했다. 그러나 콩코바 왕은 그녀를 숨기고 그녀와 어느 날 결혼할 것을 결심했다. 디어드레는 그 사이에 나오이스(Naoise)와 사랑에 빠지고 그와 함께 스코틀랜드로 도주했다. 콩코바는 나오이스와 그의 형제들에게 평화적인 제안을 한다. 그들이 무사히 돌아올 수 있게 허락해 주겠다고 한다. 보증인으로 그는 그들에게 자신의 의붓아버지 퍼거스와 그 아들을 보내려고 했다고 한다. 그러나 콩코바는 퍼거스가 방해할 것을 염려해서 나오이스와 그의 모든 동행인들을 죽인다. 그러자 퍼거스는 코너트를 향해 달려갔다. 그러나 디어드레는 달리는 전차에서 스스로 떨어져서 죽는다.

6. 미화된 과거
―역사적인 영웅들에 관한 신화

아더왕은 실제로 살았던 인물일까? 이를 증명하기 위해 이미 많은 시도들이 있었지만 지금까지 실제로 아무도 이를 증명하지는 못했다. 12세기 몬머스의 제프리(Geoffrey of Monmouth)가 최초의 아더왕 이야기를 저술한다. 그가 어떤 근거를 토대로 했는지는 알려지지 않았다. 그러나 웨일스에는 적어도 8세기 이후로 아더의 존재가 알려져 있었다. 그러나 영국 왕들 이름 목록에는 그가 없다. 그는 역사적인 인물이었지만 6세기경 색슨족들과 싸웠던 어떤 왕의 전사였을 것이라는 것이 많은 연구가들에게 설득력을 가지고 있다.

기사도, 도덕, 사회의 정치적 이상

그의 존재를 있음직하게 만들기 위해서 점점 역사 속에서 증명할 수 있는 영웅들을 함께 엮어가게 되었다. 아더는 마그누스 막시무스(Magnus Maximus)의 후손이었다고도 한다. 막시무스는 브리타니아의 로마 군단을 통솔했으며 383년 그의 군단에 의해서 황제로 옹립되었고 이탈리아 쪽에서 승리를 거두었으나 388년 결국 아퀼레이아에서 패하고 참수 당했다.

혹은 593년 앵글로색슨족을 정복했던 레게드(Rheged)의 유리엔(Urien)왕도 아더와 관련되어 있다. 그는 오웨인(Owain)이라는 이름의 아들이 있었으며 아더왕 이야기에서 '사자의 기사, 이바인(Iwain)'으로 등장한다. 그 외에도 웨일즈 신화에서는 그를 마법사 멀린(Merlin)과 연관 지어서 이야기 하고 있다.

대체물을 찾아서

그런데 왜 전쟁터의 지휘자가 이러한 유명세를 얻게 되었을까? 아더와 원탁의 기사들은 그들을 그럴싸하게 보이게 하는 모든 신화들로 인해 기사세계와 정당한 왕권의 이상이 되었다. 현실의 지배자들과 그들의 수행원들과 대조를 이루며 그들에게 모범이 되었다. 고대의 지배자들이 헤라클레스와 아킬레우스와 관련지어졌던 것처럼, 아더는 도덕, 용맹, 명성과 관계된 것들의 척도를 형성하게 되었다. 그 척도 속에는 고대의 신화적인 요소들이 현저하게 사라져있다. 그 대체물로 중세시대에는 새로운 신화 이야기들이 만들어졌다. 성배 찾기, 란슬롯과 귀네비어의 사랑, 모드레드(Mordred)이야기 등이 있다.

신들도 없어질 수 있다

점점 사악한 마녀가 되었던 아더의 배다른 누이인 모르가나(Morgana)
는 사라져 버린 가장 오래된 신화 속에서는 위대한 여신, 모리게인
(Morrigain) 이었을 것이다. 롯(Lot) 왕의 아들이며 아더의 조카 가웨인
은 태양신 루그(Lug)의 혈통이었다. 왜냐하면 그의 힘은 떠오르는 태양
과 함께 자라며 저녁 무렵에는 다시 사그라지기 때문이다.

누마(Numa)의 제물

가장 진지한 로마의 영웅들 중에 장난꾼은 로물루스의 후손 누마였다.
그는 로마의 성문 앞에 있는 성스러운 숲에 살았으며 연인인 물의 요정
과 마법의 힘을 가지고 있었다. 가령 그는 음식을 마법으로 만들어 올 수
있었다. 어느 날 주피터가 그에게 제물로 머리 하나를 요구했다. 누마는
그에게 정원에서 양파 머리를 가져다주겠다고 약속했다. 주피터는 "좀
인간적인 것으로."라고 고집했다. 누마는 그의 머리카락 중의 몇 개를 함
께 주겠다고 약속했다. "나는 살아있는 것을 원해."라고 주피터는 화를
내며 말했다. 누마는 물고기 한 마리를 기꺼이 잡아올 수 있다고 상냥하
게 대답했다. 그러자 주피터는 웃고 말았고 다시 괜찮아졌다. 원래 누마
는 매우 경건했었다고 한다.

정치적 접촉

간통이나 근친상간과 같은 이야기들은 로마에서는 없었을 것
이다. 로마인들처럼 그렇게 정치적인 영웅 규범을 가지고 있던 문

화는 없었다. 로마인들은 그들이 신으로 추앙한 헤라클레스, 헬레나의 형제로서 쌍둥이인 카스토르(Kastor)와 폴룩스(Pollux)를 데려왔지만 어려운 시절에 공화국을 구했던 영웅들을 더 좋아했다.

이 영웅들이 실제로 살았었는지는 의심스럽지만 로마인들은 신화에서 그들이 마치 역사적인 인물인 것처럼 다루고 있다. 신으로 숭배된 로물루스의 예외는 있지만 그들 중 누구도 초인적인 능력을 가지고 있지는 않다. 그러나 그들은 국가를 위해 영웅적인 방식으로 자신을 희생한다.

화가의 새로운 신화

화가 자크 루이 다비드(Jacques-Louis David, 1748~1825)의 한 유명한 고전주의 그림은 '호라티우스 형제의 맹세'를 보여주고 있다. 그러나 조국을 위해 목숨을 바치겠다는 이 맹세의 모습을 다비드는 스스로 고안해 낸 것이었다. 로마 이야기들 속에 그것은 나타나 있지 않다. 다비드는 루이 16세가 창안했었던 '공중도덕의 강조'라는 예술프로젝트의 일환 하에 그림을 그렸다.

영웅적인 행동

예를 들면 메티우스 쿠르티우스(Merrius Curtius)는 자발적으로 로마에 지진이 나서 벌어진 틈새로 말을 타고 뛰어들었다고 한다. 한 신탁이 귀한 것을 안으로 집어넣어야만 한다고 말했다고 한다. 메티우스 쿠르티우스는 로마의 젊은이를 뜻하는 것일 수도 있다고 이해했다. 또 다른 예는 왼손잡이인 가이우스 무시우스 스케볼라(Gaius Mucius Scaevola)의 일화다. 그는 에트루리아의 왕 포르세나(Porsenna)를 죽이기 위해 포르세나왕의 진영으로 침입해 들어가지만 다른 사람과 혼동을 하게 되었다. 결국 스카이볼라(Scaevola)가 붙잡히게 된다. 사람들은 그에게 다른 암살 계획이 더 있는가를 알려주지 않으면 그를 산 채로 불에 태우겠다고 위협했다. 눈썹하나 움직이지 않고 스카이볼라는 자신의 손을 이글거리고 있는 불길 위에 놓았다. 포르세나는 이에 감동해서 그를 풀어주고자 했다. 그러나 스카이볼라는 포르세나를 죽이려고 맹세한 자신과 같은 남자들이 로마에는 300명이나 더 있을 것이라고 말했다. 그러자 에트루리아의 왕은 차라리 평화를 요청해야겠다고 결정했다.(그러나 많은 연구가들은 스카이볼라 가족들이 평판이 나쁜 그들의 별명을 찬미하기 위해서 이 일화를 지어냈을 것이라고 추측하고 있다. 왜냐하면 왼손잡이는 화의 상징으로 여겨졌기 때문이다.)

국가가 우선이다

로마인들에게 국가는 자신들의 가족보다 더 높은 지위를 가지고 있었다. 많은 신화들이 그것을 보여주고 있다. 집정관 티투스 만리우스 토르쿠아투스(Titus Manlius Torquatus)의 아들인 로마의 홈부르크(Homburg)왕자는 기원전 350년 전쟁 중에 첩보원으로 보내진다. 단호한 명령을 거부하고 그는 적지에서 결투에 휩쓸려들게 된다. 이 때문에 그의 아버지는 아들을 교수형에 처할 것을 지시한다.

가족은 두 번째다

한 전쟁에서 양 진영 모두 세쌍둥이가 있으므로 군사령관들은 대리자 싸움을 결정한다. 한쪽은 쿠라티어 사람들이, 또 다른 진영은 호라티어 사람들이 있었다. 전쟁이 끝나고 호라티어 사람들 중에 한 명만이 살아남는다. 그러나 그의 여동생은 쿠라티어 사람과 약혼을 한 상태였다. 그녀가 약혼자의 죽음을 애도하며 눈물을 흘리자 그녀의 형제는 애국심이 부족한 그녀를 비난하며 칼로 그녀의 목을 찌른다. 이 때문에 그는 왕 앞에 끌려가게 된다. 왕은 그를 유죄라고 여기는 두 명의 재판관, 이두정치인들을 부른다. 호라티우스는 항고한다. 왕은 민중집회의 안건을 발표한다. 그곳에서 호라티우스의 아버지는 아들이 바르게 행동하지 않았더라면 자신이 이미 오래전에 아들을 죽였을 것이라고 말한다. 민중들은 호라티우스를 결국 풀어 주라고 말한다.

오스트레일리아와 오세아니아
―꿈같은 시절과 고독한 영웅들

오스트레일리아 신화의 핵심개념은 꿈의 시절이다. 그것은 아주 오래 전 창조의 시기로, 위대한 문화 영웅들이 등장하고 자연을 형성하고 사회 질서를 확립하고 태어나야만 할 모든 아이들의 영혼이 만들어졌던 바로 그 시절이다. 또 다른 꿈의 시절은 제식을 통해서 들어갈 수 있는 의식 상태이다. 호주 원주민 에버리진(aborigine)들은 자신들의 영웅적인 조상들을 만나는 여행을 할 수 있으며 그들의 힘을 이용할 수 있으리라 믿었다. 이런 의미에서 그들에게 꿈의 시절은 여전히 계속되고 있는 생생하고 실제적인 상태다.

호주신화의 특색은 종족들의 생활공간에 집중하고 있다는 것이다. 이야기들은 대홍수 이후에야 시작한다. 대홍수 이후에 오늘날의 에버리진들이 자리를 잡고 살았다고 한다. 역사적으로 보면 약 오만 년 전에 있었던 빙하시대동안 정착이 이루어졌다. 아마도 대홍수 사건이 실제로 한 역할을 했던 것 같다.

전통적인 호주 신화는 한 명이나 혹은 여러 문화 영웅들이 걸어갔던 길들에 대해서 이야기 한다. 이 영웅들은 붉은 캥거루, 말루(Malu)처럼 동물의 형상을 하고 있을 수도 있었다. 이야기들의 대부분이 매우 길고 제 3자의 경우 종종 아주 지루하기도 하다.

왜냐하면 영웅이 어떤 장소에서 먹고 자고 싸우고 혹은 세상을 버리게 되었는가가 이야기 속에서 중요하게 다루어지기 때문이다. 이러한 장소들은 신성하다. 에버리진들은 그곳에 영웅들의 창조적인 에너지가 집약되어 있으며 다시금 소생시킬 수 있다고 믿었다. 예를 들면 에어즈 락(Ayers

뉴질랜드의 원주민, 마오리족은 나선 모양의 얼굴 문신으로 유명하다.

Rock), 울룰루(Uluru)에 신성한 장소가 있는데 그곳에서 불의 흔적과 암석의 파편을 볼 수 있다. 여기에서 벨 새 형제가 예전에 뚱뚱한 이뮤(Emu)를 잡았다고 한다. 그런데 파란 혀를 가진 도마뱀이 그것을 그들에게서 탈취해가서 빼빼마른 이뮤와 교환했다. 이에 화가 난 형제는 그들의 오두막에 불을 지르고 도마뱀들은 암석 파편으로 변했다. 영웅이 원래의 활동지를 떠난 이후에 이야기가 어떻게 계속 되는지는 그렇게 중요하지 않다. 많은 에버리진들은 현대에 와서야 영웅들의 여행이 어떻게 그리고 어디에서 시작되고 끝났는지를 알게 되었다.

혼인규정은 신화에서 큰 역할을 한다. 씨족 구성원들은 대개 500명 정도이기 때문에 근친결혼을 피하는 것은 중요한 일이었다. 그래서 한 신화에 따르면 많은 씨족들이 두 부분으로 나누어져 있었다. 가령 독수리 부족과 까마귀 부족으로. 결혼상대자는 각각 다른 부족에서 골라와야만 했다.

　멜라네시아, 특히 뉴기니에도 많은 신화들이 있었는데 그 이야기들 속에서 문화영웅들은 세상을 두루 다닌다. 이와는 달리 미크로네시아에서는 대양 저편에서 와서 통치권을 빼앗은 이방인들이 큰 역할을 한다. 오늘날에도 여전히 상부와 하위 계층 간의 강력한 구분이 존재하고 있다. 폴리네시아와 뉴질랜드의 마오리족들은 극도로 복합적인 신들의 위계를 가지고 있는데 여기에 바로 매우 풍부하고 귀한 신화들이 존재한다. 마오리족은 많은 우주론적인 신화들을 가지고 있다. 그런데 한 대립적인 형제이야기도 큰 역할을 한다. 그 중 하나는 멍청이고 다른 하나는 고귀하고 능력이 있는 자다. 질서에 대항하는 반란자는 술책가 마우이(Maui)다. 그는 가령 배의 닻줄을 만드는 그의 어머니가 일하는 시간을 더 많이 벌게 하기 위해서 태양을 붙잡아 더 천천히 지도록 했다고 한다.

7. 영웅은 토끼다−동물 영웅들

아프리카 전체에서 유명한 한 이야기 중에는 토끼가 관목을 베고 기장을 심으려고 했다는 일화가 있다. 토끼는 하마에게 가서 밧줄 당기기를 하고 싶다고 말한다. 하마는 이에 동의하고 밧줄을 묶도록 내버려 둔다. 다른 결말을 보면 토끼가 코끼리에게 가서 같은 이야기를 한다. 둘의 줄다리기가 끝나고 저녁에 관목들은 다 베어졌다.

늑대가 세상을 창조하다

모든 종족 내지는 샤먼문화에서 동물영웅들은 큰 역할을 한다. 가령 아프리카, 북미, 오스트레일리아 혹은 시베리아가 그러하다. 동물 영웅들이 문화영웅이자 심지어 알곤킨(Algonkin)족의 늑대 글루스캡처럼 세상의 창조주 일 수도 있었다. '클루스캡(Glooskap)'은 '거짓말쟁이'라는 뜻이다. 그는 자신의 쌍둥이 형제 말숨(Malsum)의 사악한 의도를 수포로 만들기 위해서 자신의 거짓말과 속임수를 이용한다. 그 둘의 어머니는 아이를 낳다가 죽었다. 그녀의 몸으로 클루스캡은 태양, 달, 동물, 사람을 만들었지만 말숨은 산, 계곡, 뱀, 인간들을 괴롭히는 것들을 만들었다. 클루스캡은 많은 괴물들을 물리쳐 주었지만 시간이 지나면서 인간들의 사악함이 그를 절망하게 해서 세상에서 사라지고자 한다. 그러나 그 이전에 그는 7년이라는 기한을 정해 두었다. 숲속에 숨어 있는 그를 발견하게 되는 자는 소원을 성취하게 되리라고 말했다. 더 인내하고 겸손해지기를 원하는 불끈거리는 성미가 있는 사나이가 부자가 되고 싶어 하는 가난한 자와 마찬가지로 소원을 성취하게 된다. 더 커지고 싶어 하는 허영꾼을 글루스캡은 거대한 소나무로 만든다. 어느 날 그는 카누를 타고 떠났다. 그 이후로 동물들은 서로서로 소통할 수 없게 된다.

곰의 힘으로

토템 신앙의 숭배 동물들로서 동물영웅들은 인간들을 수호했다. 포니족(Pawnee) 인디언들은 가령 한 남자에 관한 이야기를 전한다. 그는 곰들에게 제물을 가져다주고 그들에 대한 노래를 만들기 위해서 종종 숲으로 갔다. 어느 날 그는 수우족(Sioux)이 매복하고 있는 곳에서 살해되었다. 두 마리의 곰이 그를 알아보고 도와주었다. 곰들은 그를 태양에 눕혀서 마법의 연고를 발라 주었다. 그가 다시 깨어나자 그들을 그를 자신들의 동굴로 데려가서 건강을 돌봐주고 많은 것들을 가르쳐 주었다. 곰들은 그에게 회복된 것을 곰들의 창조주 티라와(Tirawa)에게 감사하라고 청했다. 그 남자가 자신의 종족에게로 돌아가기 전에 곰은 그를 축복해 주었다. "내 털이 너를 스쳤기 때문에 너는 위대한 자가 되리라. 그리고 내 앞발이 너의 손을 스쳤으므로 너는 겁이 없어지리라. 내 입이 너의 입을 스쳤으므로 너는 현명해 지리라." 자연스럽게 그는 곰들의 보호 속에서 위대한 우두머리가 되었다.

다른 이의 무덤을 파는 자는...

동물영웅들 중 많은 이가 코요테처럼 트릭스터(Trickster, 술책가, 장난꾸러기)다. 나바호족(Navaho) 인디언들은 오래전에 코요테가 어린 아이들을 삼아먹는 한 거인을 만났다는 이야기를 전하고 있다. 코요테는 그에게 가르침을 주려고 했다. 코요테는 한증 오두막을 짓는데 도와달라고 부탁했다. 둘이서 어두침침한 한 증막에 앉아있을 때 코요테는 자신이 기적을 일으킬 수 있다고 말한다. 자신의 다리를 부러트렸다가 다시 붙일 수 있다는 것이다. 코요테는 돌로 미리 준비되어 있던 사슴 뼈를 쳐서 부시고는 자신의 다리에 침을 뱉고 거인에게 만져보게 한다. 거인도 그것을 시도해보고자 자신의 다리를 코요테가 쪼개도록 내버려 둔다. 다리가 다시 아물지 않자 코요테는 침을 더 많이 내뱉어야만 한다고 말하고는 계속해서 침을 뱉는다. 거인은 고통을 참을 수가 없어서 입에서 침이 마를 때까지 계속 침을 내뱉는다. 그러나 이 트릭스터가 늘 이기는 것만은 아니다. 때때로 그들도 속임을 당한다. 가령 코요테는 자신의 고집이 센 남근 때문에 항상 성가셨다. 어느 날 코요테는 그것을 나무 속에 깊이 숨겼다. 그가 다시 그것을 가지러 갔을 때 그루터기만이 남아있었다. 코요테가 나무 속을 살펴보았더니 막 마지막 나무 조각을 갉아먹고 있는 다람쥐 한 마리가 있었다. 그는 다람쥐의 따귀를 때리고 쓸모없게 된 갈가리 찢어진 조각을 땅위에 감자, 무, 쌀, 콩으로 만들어 뿌렸다.

트릭스터들은 성스러운 인디언 제식에서도 한 역할을 한다. 그들은 의사 흉내를 내며 그들의 술책을 폭로하고 가령 거대한 성기를 가지고 속된 무언극을 한다.

아프리카 트릭스터 에슈(Eschu)는 언젠가 고귀한 신의 샌들을 훔쳤다고 한다. 그것을 신고 그는 얌이 심겨져 있는 정원에 발자국을 남기고 얌을 모두 없애 버렸다. 며칠이 지난 후에 그는 도둑이 자신의 정원을 약탈했던 것 같다고 불평한다. 신은 모든 사람들을 모았다. 그러나 모두에게 발자국 흔적이 너무 컸다. 결국 에슈는 신만이 그렇게 큰 발을 가졌다고 의심을 표현한다. 신은 증명을 해야만 했는데 발자국은 정확히 일치했다. 신은 에슈의 속임수에 화가 나서 세상에서 손을 떼고 트릭스터에게 매일 저녁 그곳에서 일어난 모든 일을 보고하도록 판결했다.

아프리카 노예들과 함께 그들의 동물 영웅들도 미국으로 왔다. 그래서 남부 주에는 여우와 토끼 사이의 끊임없는 싸움에 관한 많은 이야기들이 있다. 한번은 여우가 재수 없게 그려진 인형 하나를 만들어서 토끼가 지나가는 길에 놓았다. 말없이 자기 앞에서 비웃고 있는 존재에 화가 난 토끼는 그것을 주먹으로 쳤다. 잠시 후 토끼는 인형에 꽉 달라붙어 버렸다. 이때 여우가 나타나서 "네가 하려던 것을 나랑 해봐!"라며 토끼에게 요란하게 말했다. "나를 요리해, 내 털을 벗겨, 내 머리를 잘라, 하지만 제발 나를 장미 덤불 속에는 던지지 말아줘." 물론 여우는 토끼가 하지 말아 달라는 것을 했다. 영리한 토끼는 인형을 가시로 떼어낼 수 있었다.

8. 검 혹은 마법의 주문–여성들도 영웅이다

중세후기 니벨룽 이야기에서는 크림힐트가 자신의 배우자 지그프리트가 살해된 것을 복수하기 위해서 훈족의 왕 에첼(Etzel)과 결혼한다. 그녀는 친정 오빠들과 그의 신하를 초청하여 한 사람도 남김없이 다 살해하여 복수에 성공한다.

시구르트—전설

스칸디나비아 전설에서는 파브니르의 보물을 얻기 위해서 훈족의 왕 아틀리(Atli)가 구드룬(Gudrun)과 결혼한다. 구드룬은 자신의 오빠들에게 경고의 메시지를 보내지만 그들은 비겁하지 않고자 한다. 그러나 그들은 훈족에 맞설 기회가 없다. 아틀리는 그녀의 모든 수행원을 죽이고 보물이 숨겨져 있는 곳을 알기 위해서 구드룬의 오빠들을 잡아 온다. 그들이 이를 말하지 않자 아틀리는 그들을 죽인다. 구드룬은 아틀리의 부하를 매수해 그녀의 아이들을 죽여서 요리해 아틀리에게 먹인다. "너의 두 아들의 피 흐르는 심장을 너는 꿀과 함께 씹고 있구나." 그녀는 그를 칼로 찌르기 전에 그 사실을 폭로한다. 그런 후에 그녀는 몰려오는 용병들과 함께 아틀리의 신하들을 학살하고 그의 성에 불을 지른다. '이야기는 끝났다. 갑옷을 입고 형제들의 복수를 감행한 그녀와 같은 여자는 예전에도 없었다. 용감한 그녀가 죽기 전에 그녀는 세 여왕에게 죽을 운명임을 예고했다.' (시구르트는 그의 부인에게 용의 힘을 부여해주는 파브니르의 심장을 나누어 주었다.)

⊠ 아는 척하기

인간에게도 부여된 기회
발키리(Valkyrie)가 되려면 죽지 않고서는 안 되었다. 오딘은 신들의 딸들 중에 발키리를 뽑았지만 브륀힐트와 같은 용감한 왕의 딸들도 전투의 처녀들로 뽑았다.

피가 물보다 진하다?

한 여자 영웅은 의문이 나는 경우 어느 편에서 결투를 했을까? 그녀의 남편 혹은 아버지와 형제들 편일까? 그리스 신화에는 이러한 갈등들이 드러나 있다. 다나오스(Danaos)왕의 50명의 딸들은 유산을 얻고자

훈족의 왕 아틸라는 그의 욕망으로 인해 본국으로 돌아오던 길에 불행하게도 죽는다.

하는 50명의 사촌들로부터 결혼할 것을 강요당했다. 다나오스는 딸들에게 단도를 주어, 결혼 첫날밤에 남편의 목을 베도록 명하였다. 한 사람만이 이 명령을 따르지 않았다. 그리스의 유명한 비극작가 아이스퀼로스(Aischylos)는 그녀가 가족을 저버렸던 것이라고 했다. 그러나 그녀를 제외하고 모두 이 명령을 따랐기 때문에, 지옥에서 구멍 뚫린 물통에다 물을 부어 채워야 하는 영겁(永劫)의 벌을 받았다.

오이디푸스의 착한 딸 안티고네는 아버지가 아테네에서 피난처를 찾고 나자 그 사이에 오빠들이 죽은 테베로 돌아왔다. 에테오클레스(Eteokles)는 매장을 허락받았으나 폴리네이케스(Polyneikes)는 역적으로 간주되었다. 새 지배자가 된 숙부 크레온(Kreon)이 폴리네이케스를 매장하는 자는 사형에 처한다고 포

고하였음에도 불구하고 안티고네가 형제의 시체를 가져와 매장한다. 그러자 크레온은 그녀를 평생 가두어버린다. 이야기의 한 부분에서 그녀는 신들의 법을 인간의 법 위에 있다고 말하는 영웅으로 등장한다. 또 다른 한 부분에서는 숙부, 즉 국가법에 반기를 든 완고한 여인으로 그려지기도 한다.(그런데 크레온도 행복하지는 못했다. 그녀의 약혼자로 내정되어 있던 크레온의 아들 하이몬(Haimon)이 스스로 목숨을 끊었으며, 크레온의 아내 에우리디케도 자살한다.)

아탈란테(Atalante), 예외적인 여자 영웅

여자영웅들은 대개 극소수다. 대부분 그녀의 가족들과 관련지어서 등장하곤 한다. 그녀들의 행동은 혈연관계 혹은 사랑하는 사람을 위한 것으로 여겨졌다. 영웅적인 행동을 감행한 어디에도 구속되지 않은 그런 자유로운 여성은 없다고 할 수 있다. 아마존 여인족들 조차도 한 남자와 관련지어졌을 때 흥미롭다. 한 예외는 사냥꾼이었던 아탈란테다. 그녀는 아버지에게 버림을 받고 암곰의 젖을 먹고 살다가 사냥꾼의 손에 자랐다고 한다. 아탈란테는 아르고호의 모험에 참여하고자 했으며 칼리돈의 멧돼지 사냥에도 참가한다. 다른 사냥꾼들은 그녀의 참여에 대해 화를 냈지만 영웅 멜레아그로스(Meleagros)는 그녀에게 마음을 빼앗겨 그녀의 참여를 받아들였다. 아탈란테가 쏜 화살이 멧돼지의 몸에 처음으로 명중하였고, 멜레아그로스가 마지막 일격을 더해 멧돼지의 숨통을 끊었다. 그러나 멜레아그로스는 아탈란테에게 전리품을 준다. 그의 외삼촌들이 이에 대해 몹시 화를 내자 격투가 벌어지게 되고 멜레아그로스는 그들을 살해하게 된다. 이로 인해 멜레아그로스의 어머니는 아들의 생명과 연결되어 있는 마법의 나무토막을 태워버린다. 나무토막이 타서 숯이 되자 멜레아그로스는 죽는다.

여성도 같은 권리

로마에서는 여자영웅들에게도 남자영웅들과 마찬가지로 똑같은 법칙이 적용된다. 그들은 국가를 위해서 희생한다. 납치된 사빈느의 여인들이 로마인들 중 최초의 여자영웅들이다. 아버지와 남편 사이에 싸움이 일어나자 어느 쪽도 다치기를 원치 않았던 사빈느의 여인들은 대치하고 있던 양쪽 군인들 사이로 뛰어 들어가 화해를 청한다. 상으로 로마의 행정부인 교황청은 유명한 사빈느의 여인들 이름을 따오게 되었다. 그 외에도 평화조약은 로마인들이 그들의 부인들을 가정의 여주인으로 여겨야만 하며 존경을 담아 모셔야 하고 다른 여인을 곁에 두지 말아야 하고 하인들이 하는 일을 하게 해서 안 된다고 규정하고 있었다.

죽을 때까지 헌신하다

신화는 대개 남성들을 위한 남성들의 이야기다. 자기 민족에게
유괴된 여인들은 당연히 정복자와 사랑에 빠져야만 하고, 반면 적
에 의해 납치된 여인들은 꿋꿋이 저항해야만 하는 것이 당연한 귀
결이다. 로마 공화국의 핵심적인 건립 신화와 관련된 아름다운 루
크레티아(Lucretia)가 이를 시도 했다. 그녀는 에투루리아 왕 타
르퀴니우스 수페르부스(Tarquinius Superbus)의 아들 섹스토스
(Sextus)가 그녀를 죽일 것이라고 위협해도 겁내지 않았다. 그러
나 섹스투스가 그녀의 시체를 살해된 한 노예 옆에 둘 것이며 그
래서 마치 그녀가 간통죄를 저지른 것처럼 보이게 할 것이라고 단
언하자 이 치욕을 피하기 위해서 루크레티아는 굴복한다. 나중에
그녀는 모든 것을 아버지와 남편에게 말하고 두 사람 모두 그녀가

완벽하게 무죄라는 것을 보장해 주었지만 자살한다. 루크레티아의 죽음에 대한 복수로 로마 귀족들은 왕을 추방하고 로마 공화국을 건립한다.

많은 신화들 속에서 여자 마법사들(대개는 사악한 마법사)이 등장한다. 학자들은 가령 메디아(Medea)처럼, 그들 뒤에는 여신들이 있다고 생각했다. 메디아는 황금 양털을 약탈하려는 이아손(Iason)을 마력으로 도와준다. 이아손이 그것을 가져오면 그의 삼촌인 펠리아스가 왕위를 물려주겠다고 약속을 했었다. 메디아는 심지어 그녀를 뒤쫓아 오는 동생을 토막 내어 죽임으로써 아버지의 추적을 벗어났다. 이아손의 삼촌이 약속을 지키지 않자, 그녀는 펠리아스의 딸들에게 아버지를 칼로 썰어서 끓는 가마솥에 넣고 끓이면 그를 젊어지게 만들 수 있다고 알려준다. 계획은 성공했으나 이아손과 메디아는 코린트로 도망가야만 했다. 그곳에서 이아손은 왕의 딸 글라우케(Glauke)와의 결혼 제안을 받는다. 그러나 메디아는 그곳에서 추방되어야만 했다. 메디아는 마법을 써서 왕녀와 국왕을 죽인다. 전승되어 오는 이야기에 따르면 메디아의 아이들을 코린트 사람들이 죽였다고 한다. 그리스의 비극시인 에우리피데스(Euripides, 기원전 485-406)는 메디아가 자신의 아이들을 죽인 것으로 전하고 있다. 아마도 그가 그렇게 서술할 만한 이유가 있었을 것이다. 그러나 코린트 사람들이 그를 은으로 매수했을 것이라는 소문도 있다.

그러면 메디아는 어떻게 되었을까? 한 이야기에 따르면 그녀는 축복의 섬으로 가서 아킬레우스와 결혼을 했다고 한다. 그리고 그녀는 항상 나쁜 마녀는 아니었다.

아카드(Akkad)

아카드 왕국은 기원전 2340년 메소포타미아에서 생성되었다. 아카드인의 언어는 수메르어를 몰아냈다. 기원전 1728년 최초의 바빌론 왕국이 건립될 때까지 모든 셈 인종 문화는 아카드인의 언어로 나타난다.

물활론(Animism)

모든 자연에는 정령이 깃들어 있다는 믿음. 결과적으로 모든 사물은 영혼을 가지고 있으므로 경외심을 가지고 대해야만 한다는 것이다.

에다(Edda)

고대 북유럽의 신과 영웅들의 이야기를 묶어 놓은 책. 1230년 스노리 스툴루손이 저술했다고 한다.

창세기(Genesis)

창조이야기로 시작하는 구약성서의 첫 권. 모세의 제 1서라고도 불린다. 대부분의 구약성서 신화들을 포함하고 있으며 이집트에서 요셉의 죽음으로 끝난다.

호머(Homer)

기원전 8세기의 전설적인 시인. 실제로 살았던 인물인지는 정확하게 알 수 없다. 트로이 전쟁(일리아드)과 오디세이의 항해(오디세이)에 관한 두 개의 위대한 영웅서사시가 그의 작품으로 여겨진다.

호렌(Horen)

평화, 질서, 합법성을 대표하는 그리스 계절의 여신.

인도유럽어족

인도게르만어족이라고도 함. 아마도 러시아 남쪽 스텝지역에 살다가 인도, 소아시아, 유럽으로 이주 해 온 유목민족. 그곳에서 그들은 원래 그곳에 살고 있던 원어민들과 섞였다. 인도유럽어족은 다양한 민족들의 언어적인 공통성을 해명해 준다. 핀란드, 헝가리, 에스토니아, 바스크에 이르는 유럽 모든 민족들이 인도유럽어족이다.

성년식(Initiation)

하나의 과제를 수행하기 위한 입문 제식. 성년식은 대개 일반적으로 비밀리에 행해지며 대규모의 의식과 연관되어져 있다.

화신

신이 인간으로 세상에 나타남.

가나안 땅

요르단과 지중해 사이에 있는 땅. 팔레스타인 서쪽 해안지역.

카타리파(Katharer, 순결파)

12, 13세기에 특히 남부 프랑스 지역에 퍼져있었던 종파. 카타리파는 가난과 형제애와 같은 성경적인 이상을 접목해보려 했으나 이단으로 몰려서 사라졌다.

메타포(Methphor)

어떤 것을 비유적으로 나타내는 것

모이라(Moira)

그리스의 운명의 여신. 클로토(Kloth)는 운명의 실을 뽑아내는 여신, 라케시스(Lachesis)는 인간에게 운명을 배당하는 여신, 아트로포스(Atropis)는 운명의 실을 가위로 끊는 여신이다.

일신교

단 하나의 신만 있다고 믿음.

노르넨(Nornen)

북유럽 신화에 나오는 운명의 여신. 우르드(Urd)는 과거, 베르단디(Werdandi)는 현재, 스쿨드(Skuld)는 미래의 여신이다.

판테온(Pantheon)

한 문화의 신들의 총체. 이 신들이 서로 어떤 관련 속에 있을 때, 가령 한 가족을 형성할 때 판테온이라고 말한다.

샤먼

이른바 망아상태에서 혼을 불러내고 아픔을 치유할 수 있는 사람들. 이 개념은 시베리아 툰구스인들에게서 유래한다.

수메르

수메르어를 쓰며 유프라테스와 티그리스강 사이에 있는 문화.

신정국가

최고 제사장이나 제사장단이 한 신의 이름을 대신해서 지배하는 국가형태.

토템

대개는 동물, 종종 식물이나 자연 현상도 인간이나 한 집단의 보호 신으로 여김. 이 말은 북아메리카 알곤키족으로부터 유래한다.

트릭스터(Trickster)

계략으로 다른 이를 속이는 신화의 인물들. 그들은 모든 규칙을 부정하지만 그 부정 속에서 질서를 만든다. 많은 트릭스터들은 사기를 치기도 하고 당하기도 한다.

우가리트(Ugarit)

기원전 1200년에 멸망한 페니키아 도시국가.

음양

중국철학에서 말하는 세상의 기본원리. 원의 둥근 부분과 하얀 부분으로 상징화 되어 있다. 모든 부분은 한 지점에서 다른 부분을 포함하고 있다.